eb...

Tabea Steiner

Heidi kann brauchen, was sie gelernt hat

Essays

edition bücherlese

Inhalt

Was ich wusste ·	7
Der Himmel über Zürich · · · · · · · · · · · · · · · ·	15
Streuobst ·	25
Heidi kann brauchen, was es gelernt hat · · · · · · · ·	33
Nach drei Seiten hin Fenster · · · · · · · · · · · · ·	42
Friendly Alien ·	49
Social Freezing ·	59
Sienna Street 55 · · · · · · · · · · · · · · · · · · ·	68
Lichtbilder ·	73
Was fehlt ·	80
Außer Reichweite · · · · · · · · · · · · · · · · · · ·	87
Schnelle Autos ·	95
Von Hirschen ·	103
Bar 63 ·	115
Nachdenken über Bäume · · · · · · · · · · · · · · ·	119
Abspann	
Zimmli geil ·	130
Literatur	137
Zitatnachweise	142
Erstveröffentlichungen	143

Was ich wusste

Es muss September gewesen sein, ich war sechs, vielleicht auch schon sieben Jahre alt, als mein Vater mich fragte: Willst du mitkommen?

Eine Kuh war sehr krank geworden und musste notgeschlachtet werden. Ich strich ihr über die fieberkühlen Nüstern, den hellen Fleck auf ihrer Stirn, schaute in ihre großen Augen mit den langen Wimpern. Dann führte mein Vater das Tier in den Transporter, wo es sich hinlegte. Er verschloss den Riegel und hob mich auf den Kindersitz, der über dem Schutzblech des großen Rades angebracht war. Ich musste mich gut festhalten, und während der Fahrt hämmerten meine Stiefelchen gegen das vibrierende Blech.

Der Metzger wartete schon vor dem Schlachthaus. Alles war vorbereitet. Ich schaute mich im sauber gekachelten Raum um, während mein Vater die Kuh hereinholte. Ihr fiel jetzt jeder Schritt schwer, aber ich kann mich nicht daran erinnern, dass sie eine Todesangst gezeigt hätte. Vielleicht war sie dafür auch einfach zu müde.

Du gehst raus, sagte der Metzger zu mir, mit dem Bolzen in der Hand. Ich verdrückte mich, stellte mich außen am Fenster auf die Zehenspitzen und schaute zu, wie der Metzger den Bolzen ansetzte, abdrückte, wie die Kuh umfiel, schwer und groß. Sie zuckte mehrmals, dann war sie tot.

Die Tür flog auf, der Metzger kam heraus und gab mir eine Ohrfeige. Ich erinnere mich an seine Hand und an seine endlose, dicke, graubeige Plastikschürze, aber dort, wo sein Gesicht wäre, verschwindet meine Erinnerung.

Komm, mein Vater nahm mich an der Hand, setzte mich wieder auf den Kindersitz, verabschiedete sich vom Metzger und fuhr los, und erst nach einer Weile bog er in einen kleinen Feldweg ein, hielt an und stellte den Motor ab.

Der Metzger wollte nicht, dass du siehst, wie die Kuh stirbt, sagte mein Vater und schaute mich an. Verstehst du das?

●

Ich verstand es nicht. Ich wusste, dass die Kuh sterben musste. Ich wusste auch, warum. Ich verstand nicht, warum ich nicht sehen sollte, was ich sowieso schon wusste. Ich war vom Leben auf dem Bauernhof, wo ich aufwuchs, an einiges gewohnt.

Ich wusste, was es bedeutete, wenn sich die Kühe auf der Weide gegenseitig auf den Rücken sprangen. Dann waren sie stierig. Ein Tierarzt wurde herbestellt und brachte seinen Koffer mit den vielen Röhrchen. Zusammen mit meinem Vater wählte er eines davon aus, bevor er sich einen dünnen Plastikhandschuh überzog, bis weit über den Ellbogen hinauf. Dann führte er das Samenröhrchen in die Kuh ein und warf das verschmierte Plastik in den Abfall. Die Kuh gebar neuneinhalb Monate später ein Kalb.

Sobald die Spitzen der kleinen gelben Hufe des Kalbes aus der Scheide der Kuh herauslugten, musste mein Bruder die Eisenkette mit den beiden Griffen holen. Die Kette wurde einmal um die Hufe gelegt, und im Rhythmus der gebärenden Kuh zog mein Vater daran. Die Nüstern wurden sichtbar, dann der Kopf, bis das Ohr herausflappte. Jetzt ging es nicht mehr lange, bis das ganze Kälbchen da war.

Ich wusste, dass mich niemand ins Bett schicken würde, solange das Neugeborene nicht versorgt war, und oft kamen die Kälbchen spätabends zur Welt. Aber weil ich noch zu klein war, um mich nützlich zu machen, beachtete mich niemand, wie ich in Gummistiefeln und Pyjama an der Stallwand stand. Manchmal hatte ich eine alte Jacke von meinem Vater übergehängt.

Aus sicherer Entfernung, aber nah genug, sah ich zu, wie meine Großmutter das blutige, zerzauste Kälbchen mit einem Büschel Stroh abrieb, um seinen Kreislauf anzukurbeln. Wenn es nicht mehr zitterte, überließ sie das Kälbchen seiner Mutter, um in der Küche einige Liter Rotwein aufzukochen, Eier aufzuschlagen und das Ganze mit viel Zucker und Gewürzen – Nelken waren dabei, vielleicht auch Muskat – zu verrühren. Sie flößte das Gebräu dem erschöpften Tier ein, das es widerstandslos schluckte und anschließend mehrere Kübel Wasser trank. Danach begann die Kuh, das Kälbchen abzulecken, bis das Muster seines weichen Felles sichtbar wurde.

In der Zwischenzeit hatte mein Vater das Geschlecht des Kälbchens geprüft. Eine richtig gute Milchkuh wurde nur mit Qualitätssamen befruchtet. Hatte mein Vater einen teuren Samen von einem guten Zuchtstier ausgewählt, war er schlecht gelaunt, wenn ein Stierkalb zur Welt gekommen war. Hatte die Kuh nur befruchtet werden müssen, damit sie wieder in die Milchproduktion einsteigen konnte, war es einerlei, welches Geschlecht das Jungtier hatte. Dann war in der Regel ein preiswerterer Vater ausgewählt worden.

Die Milch von Kühen, die gerade ein Kalb zur Welt gebracht hatten, war eine Weile ungenießbar und durfte nicht in den Tank gelangen. Eines Tages beschloss Großmutter, dass ich groß genug war, zu lernen, wie man aus dieser Biestmilch Schokoladencreme kochen kann. Zuerst musste ich im Hühnerstall ein paar Eier holen. Ich konnte das am besten, weil ich klein genug war, um unter das Legegehege zu kriechen, wo die Hühner manchmal ihre Eier versteckten, wenn sie sie nicht hergeben wollten. Dann schnallte ich den Melkschemel um und molk die Galtkuh von Hand. Das machte ich besonders gern, weil die Kuh zwischen Bauch und Euter eine Mulde hatte, in die ich den Kopf legen konnte, das hielt meine Stirn warm. Aber als ich beinahe fertig und der Eimer fast voll war, schlug die Kuh aus und stieß mit ihren Hufen den Eimer um. Die dickliche, dunkelgelbe Milch floss ins klein gehäckselte Stroh.

Ich durfte frische weiße Milch aus dem Tank schöpfen, die ich in die Pfanne goss, ich schmolz die Schokolade und schlug die Eier auf. Eines der Eigelbe enthielt einen dunkelroten Schleim, das Ei war befruchtet gewesen. Verrühr es schnell, sagte Großmutter und drehte den Herd an, dann musst du es nicht mehr sehen.

Im Hühnergehege gab es einen Hahn. Großmutter sagte, die Hühner wären so einfacher zu halten. Küken wurden aber keine ausgebrütet. Die Legehennen wurden beim Zuchtbetrieb gekauft, wo sie von den überschüssigen jungen Hähnen getrennt worden waren.

Ich wusste also, dass das Hähnchen auf meinem Teller oder das Schnitzel am Sonntag in den meisten Fällen Fleisch war, das von einem männlichen Tier stammte.

Und ich wusste auch, dass jene Hasen, die ich aufzog und die ich mit Gras und Kraftfutter fütterte, bis sie ein bestimmtes Gewicht erreicht hatten, und die ich dann in eine geflochtene Kiste packte und sie mit dem Fahrrad ins Nachbardorf zum Hasenmetzger fuhr, am Ende irgendwo auf einem Teller landeten. Der Erlös davon war mein Sackgeld.

•

Ich bin mit meiner Großmutter aufgewachsen, und mir war klar, dass sie die Mutter von meinem Vater war, und dass mein Vater wiederum der Vater von meinem Bruder und mir war. Meine Großmutter kümmerte sich um uns, meistens war sie es, die abends dafür sorgte, dass wir rechtzeitig ins Bett kamen.

Sie achtete streng darauf, dass mein Bruder und ich nicht im gleichen Zimmer schliefen, aber irgendwann begannen wir, uns dagegen aufzulehnen, weil wir uns immer sehr viel erzählen mussten und einiges zu beraten hatten. Wir redeten davon, dass wir die Brüste der jungen Nachbarin gesehen hatten, die ihr Kind im Garten stillte, wenn das Wetter schön war. Und wir rätselten darüber, warum ich im Sommer nicht im Unterleibchen herumlaufen durfte, aber mein Bruder das Leibchen sogar ausziehen konnte. Großmutter hatte nur gesagt, es sei wegen dem alten Nachbarn.

Wir zerbrachen uns den Kopf darüber, wie es sein konnte, dass die junge Nachbarin, über die das ganze Dorf redete, ein Kind bekommen konnte, wenn sie doch gar keinen Mann hatte. Und als ich schließlich lesen konnte, fragte ich ihn, was das Wort Sex bedeutet, das ich in der Zeitung entdeckt hatte. Großmutter hatte es mir nicht erklären wollen, das sei etwas, was nur die Erwachsenen angehe.

Einmal kam nach dem Mittagessen eine andere Bäuerin mit der Zeitung vorbei. Sie und meine Großmutter saßen vor dem Haus und besprachen die Nachrichten, und als sie mich bemerkten, schwiegen sie schnell. Aber ich hatte bereits gehört, wie sie sich über diese neuen Zeiten aufregten, in denen Frauen ihre Ehemänner anzeigen durften, wenn diesen die Triebe ein wenig durchgingen.

Ich verdrückte mich, ging bei den Kälbern vorbei und mopste eine kleine Faust Kälbermilchpulver. Das mochte ich, weil es wie weiße Schokolade schmeckte. Dann setzte ich mich hinter die Brombeerbüsche, wie immer, wenn es warm und trocken genug war und ich über etwas nachdenken musste. Ich wusste, dass meine Großmutter es gut mit mir meinte, dass sie mich beschützen wollte. Aber ich verstand nicht, warum sie mit der Bäuerin schwieg, und mir war immer noch nicht klar, warum ich nicht im Unterleibchen herumlaufen durfte.

Ich verstand nicht, warum nicht nur Großmutter, sondern auch Vater und der Metzger und überhaupt alle aus dem Dorf immer aus allem ein Geheimnis machten. Vor allem aber verstand ich nicht, warum es Dinge gab, die ich nicht wissen sollte, wenn ich sie doch längst gesehen hatte.

•

Erst viel später, als ich erwachsen und meine Großmutter schon sehr alt war, erzählte sie mir davon, wie ihr eigener Bruder ihr nachgestellt hatte, als sie anfing, eine Frau zu werden.

Hingegen hatte ich bereits als Kind gewusst, dass der alte Nachbar meine Großmutter hatte heiraten wollen, nachdem mein Großvater sehr jung gestorben war. Der alte Nachbar hatte später eine andere Frau geheiratet. Aber erst, als meine Großmutter gestorben und auch der alte Nachbar tot war, kam heraus, dass er jahrelang seine Tochter missbraucht hatte. Ich weiß nicht, ob meine Großmutter davon gewusst hatte, und wenn ja, was genau sie gewusst hatte.

Und auch meinen Vater kann ich nicht mehr fragen.

Der Himmel über Zürich

Zwischen Pizol und Vorab hinweg, über Glarus und das Kaltbrunner Riet geflogen, diesen Sumpflandschaftüberrest, vorbei am Nuolener Ried, immerhin: ein Vogelrastplatz. Ein Stück tiefer gleiten, über die Moorlandschaft Frauenwinkel, Kiebitze sollen hier brüten, Kiebitze! Zwischen Lungenenzian und Sibirischen Schwertlilien. Über den Zürichsee segeln, träge liegt er in seinem Bett zwischen Seiten- und Endmoränen.

Die Gletscherreste bei Wädenswil, die Bären und Wolfsrudel im Sihlwald, schnell abbiegen bei Kilchberg, kurz vor der Stadt nochmals über das Wasser schweben. Den Botanischen Garten links liegenlassen, auch den Gessnergarten mit seinen Heilpflanzen, nur beim Opernhaus nochmals aufsteigen, einen Blick nach München werfen.

Die Kuppel der Universität, interessant sieht das aus. Von Weitem. Da wirft einer ein Buch in die Rückgabeklappe, klingt kompliziert, und erst die Fußnoten[1], die liest ja doch kein

---

[1] 25. März, 10.50 Uhr, auf den Straßen fahren Autos, kein Falke ist zu sehen bei der Außenkamera, auch das Nest ist leer, das sieht man über die Innenkamera. 11 Zuschauer:innen. 2 Dislikes, 64 Likes. Ich wäre gerne da oben auf diesem Nest. Im Vollbildmodus erkenne ich eine winzige Feder, die sich im Wind bewegt.

26. März, 18.15 Uhr, der Ton funktioniert nur bei der Innenkamera, da ist es laut, ich höre einen Zug. Dann ist der Falke plötzlich auf der Außenkamera zu sehen, aufgeplustert sitzt er im schönsten Licht. Das Abendrot färbt die Glasflächen der Bürogebäude ein, der Zug fährt vorbei. Wer reist denn jetzt mit dem Zug.

27. März, 9.12 Uhr, frisch geduscht schalte ich beide Kameras ein. Draußen putzt sich der Falke, plustert sich auf, pickt sich alles aus den Federn. Er guckt genau zu mir, fast, als würde ich ihn stören. Ist es eigentlich das Weibchen oder das Männchen? Von da, wo der Vogel sitzt, kann man mein Haus sehen. Bei mir

Mensch, so klein, wie sie geschrieben sind. Der Informationsstand für Touristen, nur nutzlos, dieser Tage, auch das Marriott steht leer, keine Kids beim Dynamo. Der Fluss wird breiter. Endlich. Ein Bad, gerne. Eine Maus, danke. Und ein Käfer. Aber die Federn jucken schon wieder, schnell mit dem Schnabel einen Floh herausgepickt.

Der große Bahnhof, das Wasser lassen sie unter den Gleisen hindurchfließen, wenn das nur gut geht. Soll nicht unsere Sache sein. Eine angenehme Strömung, bisschen Auftrieb, nanu, wer steht denn dort vor dem Passbüro. Einerlei, nur die Abzweigung zur Dammstraße nicht verpassen, der Tulpenbaum ist frei, recht so. Ein paar Täubchen können gern zum Nachtisch vorbeischauen, Krähen lieber nicht, keine Krähen! Ein paar Baumstationen weiter gehupft, zur Rosskastanie, sie versteckt die Blätter noch in kleinen Knospenfingern. Aber da, diese Scheibe muss es sein, da hockt sie. Am Fenster. Schaut nicht raus.

klingelt das Fernsehen, Glanz und Gloria kommt vorbei, die filmen mich zu Hause. Ich soll so tun, als ob ich schreibe, also schaue ich dem Falken zu und schreibe auf, was ich sehe. Die Falkin – oder ist es ein Terzel? – wird tagein, tagaus überwacht. Darf man das? Die Kamera filmt mich jetzt frontal, aber im Gegensatz zum Falken soll ich nicht in die Kamera schauen, das wirkt unnatürlich. Während ich das schreibe, muss ich ein bisschen lachen, und das wird auch gefilmt.

28. März, 11.15 Uhr, 14 Zuschauer:innen außen, innen: 7. Leer, Rauschen, die Plattform ist verschissen. Habe C. vom Fernsehen geschrieben und davon, dass ich der Falkin zuschaue, er schreibt: «Das Fernsehen kommt und beobachtet Dich dabei, wie Du eine Falkin beobachtest? Und die Falkin wiederum beobachtet von oben, wie das Fernsehen aus Deinem Haus kommt und zurück zum Studio fährt. Beobachtungszirkelschluss. Vielleicht hat die

Seit ein paar Jahren schaue ich zu, wie im Frühjahr Falken über der Zürcher Josefswiese und in Altstetten brüten, wie die Jungvögel schlüpfen und schließlich flügge werden. Genauer gesagt, ich werfe ab und zu einen Blick in die Livestreams, die über Youtube gesendet werden. Grünstadt Zürich hat dafür eigens Kameras bei den Nistkästen angebracht.

Wobei, um wirklich präzise zu sein: In den letzten Jahren habe ich bloß gelegentlich einen Blick in einen Twitteraccount geworfen, der besonders gelungene Screenshots von den Falken-Livestreams postet.

Aber in diesem Frühjahr schaue ich ständig in den Stream. Ich habe sogar ein Falkentagebuch angelegt und lese auf Social Media mit, was andere über die Zürcher Falken diskutieren.

Falkin aber auch die Kamera manipuliert und die Live-Bilder sind nur Aufzeichnungen. Während Du denkst, dass Du die Falkin beobachtest, liest die Falkin in Wirklichkeit ein Buch. Und zwar eines von Tom Kummer.» Ich habe geantwortet: «Du kommst jetzt in meinem Falkentagebuch vor.»

29. März, Sonntag, Computer nicht angerührt. Nur nachgedacht, darüber, dass ich versuche, meine Beobachtungen zu interpretieren, dabei Wissen zu generieren, und festgestellt, dass ich mehr über mein Beobachten nachdenke als über das, was ich an den Falken beobachte. Ein bisschen ist es mir peinlich, das mit Glanz und Gloria.

30. März, trübes Wetter, gestern Abend hat es geschneit. 9.25 Uhr, niemand ist zu sehen. Die Innenkamera transportiert Geräusche wie von Dampflokomotiven, muss an die Serie «Chernobyl» denken, die ich gestern zu Ende geschaut habe.

Im Nistkasten auf dem Hochkamin bei der Josefswiese sind zwei Kameras angebracht, eine innen, eine außen. Durch die Außenkamera kann man weit über die Stadt schauen. Ich beneide die Vögel um ihr Panorama, um ihre Möglichkeit, die Flügel auszubreiten und davonzufliegen. Auch wenn meine Wohnung im zweiten Stock liegt, lebe ich am Boden, wie eine Waldmaus. Mein Fenster zur Welt bleibt vorerst mein MacBook Air. Trotzdem komme ich den Falken auf diese Weise viel näher, als ich das in der freien Natur könnte, und so sitze ich am Bildschirm, beobachte die Vögel, bestelle im Internet Bücher.

Es gibt über sechzig verschiedene Arten von Falken, drei Falkenartige brüten zuweilen in der Schweiz. Einer davon ist der Turmfalke, den man dadurch bestimmen kann, dass er am Himmel an Ort und Stelle stehen bleibt, im Rüttelflug. Der Wanderfalke ist schwerer zu erkennen, er macht sich vor allem durch die Unruhe

31. März, 10.00 Uhr, ein Spickel Licht fällt in den Innenraum. Die Falkin ist nicht da, auch um 12.15 Uhr nicht.
  1. April, die Falkin ist alleine, der Wind bläst ihr ins Gefieder, stark genug, dass ihre Frisur zerstört wird. Es ist 16.21 Uhr und 9 Menschen schauen ihr beim Alleinesein zu.
  2. April, 8.20 Uhr, sie ist da, badet im Licht.
  3. April, große Aufregung um 8.40 Uhr!! Vier Falken flattern um die Plattform, ich sehe immer nur die Flügel, greifen sie an? Verteidigen sie sich, paaren sie sich, ich verstehe rein gar nichts von diesen Tieren.
  4. April, 9.15 Uhr, niemand ist da. In Helen Macdonalds «Falke» gelesen: «Aber kann man wirklich von Falkenbeobachtung sprechen, wenn sich jemand die Vögel am Computerbildschirm sitzend ansieht? Sind Falken-Cams nicht einfach nur Seifenopern in anderem Gewand, Naturbeobachtung für das Reality-TV-

bemerkbar, die er bei den anderen Vögeln stiftet. Und der Baumfalke nistet bevorzugt in offenen Landschaften, wo er fremde Nester anderer Vogelarten nutzt.

Der Falke sieht achtmal besser als der Mensch. Während Menschen pro Sekunde zwanzig Bilder sehen, sind es bei Falken siebzig bis achtzig Bilder pro Sekunde. Diese hohe zeitliche Auflösung hilft, kleine Beute selbst in rasendem Flug im Blick zu behalten. Trotzdem: Auf einem Bildschirm kann ein Falke Bewegtbilder nicht erkennen.

Wenn ein Falke einen Gegenstand fokussiert, erhält er blitzschnell ein glasklares Bild davon – er kann aus achtzehn Metern Entfernung ein zwei Millimeter großes Insekt erspähen. Um die Größe und die Entfernung seiner Beute zu ermitteln, nutzt der Falke die Fähigkeit der Bewegungsparallaxe: Er nickt mit dem Kopf, ohne den Blick von der Beute zu lösen.

Zeitalter? (…) ein weiteres Symbol für das Verschwinden der Tiere aus dem Leben der Menschen und die Verdrängung der lebenden Tiere durch bloße Bilder – die zudem von der symbolischen Investition von Unternehmen gesteuert sind? Vielleicht nicht. (…) Webcams (geben uns) die Möglichkeit, uns so intensiv mit dem Leben wilder Tiere auseinanderzusetzen, wie es bislang nur Wissenschaftler, Naturforscher oder Jäger konnten – unter großen Schwierigkeiten. (…) Die Live-Übertragungen sorgen damit für eine Demokratisierung des Wissens über die Natur.»

6. April, 15.00 Uhr, die Falkin hüpft zwischen Innen- und Außenraum hin und her, als hätte sie Angst. Später putzt sie sich, sie kann den Kopf ganz nach hinten drehen, wie eine Eule. Dann kommt ein zweiter Vogel, dann sind beide weg.

7. April, 13.45 Uhr, die Falkin schaut über die Stadt. Schalte nur kurz um nach Altstetten, aber die Falkin über der Josefs-

Die Augen eines Wanderfalken wiegen etwa dreißig Gramm. Für einen Menschen von fünfundsiebzig Kilogramm würde das bedeuten, dass er Augen von 7,5 Zentimetern Durchmesser hätte, die zwei Kilogramm schwer sind.

Der Falke ist das schnellste Tier der Welt. Im Sturzflug erreicht er bis zu 320 Stundenkilometer. An diesem Vogel ist alles ausgelegt auf die perfekte Verbindung von zielendem Auge und greifender Klaue, oder, wie es Helen Macdonald illustriert: Ein Falke besteht aus einem Augenpaar, das in einem kampfstarken, technisch hochausgerüsteten Flugwerk steckt.

•

Im Frühjahr 2001 brüteten Wanderfalken auf dem Hochkamin bei der Josefswiese. Wanderfalken lieben die Tradition. Sie

wiese ist mir näher. Dann ist die Falkin weg, ich höre nur den Wind, und Vögel, bin einen Moment nicht sicher, ob ich diese über den Channel höre oder durch das offene Fenster.

8. April, 11.50 Uhr, es sind zwei! Sie pfeifen und schimpfen, ich weiß nicht, was das heißt, ich weiß zu wenig über ihre Sprache. Anstatt immer nur in die Kamera zu schauen, würde ich die Falken lieber wirklich beobachten, wissen, wo sie jagen, ob sie dabei andere Falken treffen, ob sie sich kennen, befreundet oder verfeindet sind, ob sie sich auch gegenseitig das Mehl wegfressen und die Backhefe, das alles weiß ich nicht.

9. April, 17.50 Uhr, keine Falkin, nirgends. Es sind lange Tage jetzt, die mir zwischen den Fingern zerrinnen. Und während ich der Falkin nur via Kamera zuschauen kann, lese ich in «Der Wanderfalke» von J. A. Baker davon, wie er dem Falken, seinem Falken, folgt, wie er über Tore klettert, über Felder rennt und

kehren über Generationen zu den gleichen Nistplätzen zurück, brüten über Jahrhunderte hinweg auf denselben Felsvorsprüngen wie ihre Vorfahren.

Als Beutegreifer jagen sie andere Vögel, Tauben etwa, und in Zürich haben sie auch Zuchttauben gejagt. Die betroffenen Taubenzüchter wiederum haben, um die Falken zu bekämpfen, Kamikazetauben eingesetzt, denen sie Gift auf das Gefieder gestrichen haben. Eine Wanderfalkin, die eine solche Kamikazetaube erlegt hatte, starb vor laufender Kamera und im Beisein ihrer Jungen auf dem Hochkamin.

Heute nisten Turmfalken bei der Josefswiese. Vor ein paar Jahren war ein Turmfalkenpaar auf der Live-Kamera über mehrere Tage nicht gesichtet worden. Der Wildhüter musste die Jungen vom Brutkasten holen, weil sie noch nicht flügge waren. Vier der kleinen Falken konnte er retten und in die Greifvogelstation bringen. Zwei weitere Jungvögel sprangen von der Plattform,

einige Wege entlanggeradelt – und doch muss auch er am Boden bleiben wie eine Waldmaus, ich weiß nicht, ob mir das ein Trost ist. Der Vergleich mit der Waldmaus gefällt mir.

10. April, 9.40 Uhr, die Falkin putzt sich, erschrickt, als sie ein Geräusch hört, und plustert sich auf. Aber nichts weiter passiert. Ich sehe die Falkin nie fressen. Die Falkin fliegt davon. In Altstetten liegen jetzt drei Eier, hier immer noch kein Ei.

11. April, Ostersamstag, Radtour gemacht. Alle Swiss-Maschinen stehen am Boden.

12. April, Ostern, nur ein einziges Flugzeug am Himmel, dafür jede Menge fliegender Enten.

13. April, 17.55 Uhr, 20 Zuschauer:innen, die Falkin ist da. Mit einer befreundeten Ornithologin telefoniert, zusammen in den Livestream geschaut, ihr sind als Erstes die vielen Knöchelchen im Nest aufgefallen.

wurden aber kurze Zeit später entdeckt, und alle sechs Küken konnten großgezogen werden.

Nur waren die Eltern, kaum dass man ihre Jungen von der Plattform geholt hatte, wieder aufgetaucht und fanden ein leeres Nest vor.

•

Jonathan Franzen beschreibt in seinem Essay «Why birds matter», dass man, wenn man alle Vögel auf einmal sähe, die ganze Welt betrachten könnte. Überall gibt es Vögel. Man stelle sich vor, man verfügte über diese Übersicht, und man stelle sich vor, man verfügte über die Sehkraft von Falken.

14. April, 11.45 Uhr, die Falkin ist nicht da. Nochmals die beiden Tagi-Artikel gelesen: «Giftanschlag auf Wanderfalken: Taubenzüchter kommen vor Gericht», vom 11.1.2017, und «Happy End für sechs Zürcher Turmfalken», 3.8.2017.

15. April, 11.10 Uhr, 55 Zuschauer:innen, die Falkin kratzt sich mit der Kralle im Bart. Ruhig ist sie heute, und da sind sie plötzlich zu zweit. Ich bin mir ziemlich sicher, dass es zwei Weibchen sind, was mir gefällt. Sie haben keine Eier gelegt.

Streuobst

Als ich meine Großmutter das letzte Mal besuchte, war der Himmel strahlend blau und die Luft durch und durch warm, wie sie es nur im August sein kann.

Komm, sagte sie und ging voran durch ihren düsteren Korridor, vorbei an ihrem Hochzeitsfoto, der Garderobe, an der, seit ich mich erinnern konnte, ein altes Fernglas hing.

Sie sperrte die Tür am anderen Ende des Korridors auf – irgendwann in den letzten Jahren hatte sie angefangen, nachts das Haus abzuriegeln. Die Steinstufen führten auf ihr kleines Wiesenstück hinab, ihr Paradies, wie sie es nannte. Sie klammerte sich an den Handlauf, stützte sich mit der Rechten auf ihren Stock und nahm so Stufe um Stufe, und unten angekommen, legte sie die linke Hand auf die rechte, die auf dem Stockknauf lag. Es war kein eigentlicher Knauf, sondern ein Entenkopf, dessen Schnabel als Handgriff diente. Sie ließ ihre Hände einen Moment auf dem Vogel ruhen. Dann nahm sie die Schritte zum Gartentisch in Angriff, der vor der Hausmauer stand und vom Apfelbaum beschattet wurde.

Wir haben, sagte sie, als sie am Tisch saß, den Kuchen vergessen, sie wandte sich zu mir. Bevor du ihn holst, sie fasste nach meiner Hand, ich war bereits aufgestanden, nimm noch etwas frische Pfefferminze mit. Sie zeigte mit gebogenem Finger auf die verwilderten Beete, die ihren Garten vom Weideland abgrenzten. Ich schaute auf diesen Zeigefinger, wie krumm er war und wie tief sich die Rillen in den Nagel gegraben hatten.

Ich wusch die Tassen gründlich, auch die Kuchengabeln, während das Teewasser kochte. Der Griff des Tabletts war ausgerissen, ich balancierte es auf meinen Handflächen, schob die Tür mit der Schulter auf. Vorsicht, sagte meine Großmutter, als ich über die Steinplatten auf sie zukam, eine der Platten hat angefangen zu wackeln. Ich wusste, welche Platte es war, sie wackelte schon immer, aber Großmutters Zeitdimensionen waren andere.

Es gibt keinen Kuchen wie diesen, sagte ich, und in unseren Tassen dampfte der frische Tee. Kurz fielen Großmutter die Augen zu, sie hatte auch ein zweites Stück vom Kuchen gegessen, damit er wegkommt, der vertrocknet mir sonst, hatte sie gesagt. Das Stubenfenster stand offen, und Großmutter schreckte auf, als der Kuckuck die volle Stunde ausrief. Das wolltest du immer sehen, sagte sie, wie der Kuckuck aus dem Häuschen kommt, sie tätschelte meine Hand, und dann hast du eine ganze Stunde gewartet, bis er wieder aus dem Häuschen kommt. Sie schlürfte den heißen Tee, ihre Hand zitterte so sehr, ich hätte ihre Tasse nicht ganz vollgießen sollen.

Da draußen, sie wies mit ihrem Stock gegen das freie Weideland, das sind alles Windflüchter. Unter den Apfelbäumen lagen Kühe im warmen Nachmittag, käuten wieder, Leib an Leib. Die Bäume standen schief, sie wiesen alle in eine Richtung, der Wind bläst von dort, Großmutter zeigte hinter sich, schon immer, und wirklich, die Bäume wirkten, als wollten sie sich vor einem Gewitter schützen, als wollten sie davonrennen. Einige davon hat schon mein Vater gepflanzt, sie hob ihren Stock und schwenkte ihn über die Gemarkung, all das Land hat deinem Urgroßvater gehört, bevor er es uns vermacht hat, dem Gottlieb und mir.

Aber jetzt, sie lehnte ihren Stock an die Hausmauer und schlief ein. Der Entenkopf betrachtete mich.

Großmutter ist in diesem Haus geboren, hier hat sie ihr Lebtag gelebt, und nur ein Jahr lang hat sie als Dienstmädchen gewirkt, in Basel. Dann hat sie als jüngstes, als elftes Kind von ihren Eltern den Hof übernommen, bis sie selbst alt geworden war und das Land verkauft hatte.

Ich stand auf, brühte in der Küche einen Kaffee, wartete, suchte das Zuckerglas. Kurz warf ich einen Blick in die Stube, auf die Kuckucksuhr, die hellgrüne Tagesdecke auf dem Kanapee. In der Holzvertäfelung waren die Gerüche all der vielen Jahre abgespeichert, all der Jahrzehnte, des Jahrhunderts. Das Kanapee stand dort, wo es schon beim letzten Mal gestanden hatte, auch die große Kommode war lange nicht verschoben worden. Sie sei, hatte sie mir manchmal gesagt, eigentlich keine Sesshafte, in ihren Adern, behauptete sie, fließe das Blut von Fahrenden, und immer, wenn die Sehnsucht sie packe, müsse sie ihre Möbel verrücken. Es gab eine Zeit, in der sie die Stube ins Schlafzimmer gewechselt hatte und umgekehrt, alle halbe Jahre, aber dafür, das wusste auch sie, war sie jetzt zu müde.

Als ich die Kanne nach draußen brachte, schaute mich Großmutter mit freudiger Überraschung an, dann huschte doch ein Schatten über ihr Gesicht. Sie nickte und sagte traurig, aber trotzdem sacht, mir ist gewesen, als käme bald der Gottlieb von der Stallarbeit daher, die Stufen herab, wie ich die zwei Kuchengedecke vor mir gesehen habe.

Der Kaffee heiterte sie auf, wenn man sich nur vorstellt, sagte sie und war ganz schelmisch, dass die Wurzeln im Boden die Baumkrone widerspiegeln, all die feinen Haarwürzelchen, und wieder hob sie ihren krummen Finger und zeigte damit auf die Windflüchter draußen auf der Weide. Wie verhält es sich denn mit den Wurzeln, fragte sie sich selbst, wachsen die gerade in den Boden hinein oder auch schief, und in die gleiche Richtung wie der Stamm oder eben in die andere? Der Wind kann kaum die Wurzeln unterirdisch verblasen, gab ich zu bedenken, und sie winkte ab, alleweil wahr.

Aber da draußen, diese Bäume, die sind alt, das sind alte Sorten, die kennt kaum mehr jemand, und Namen haben die, der Kronprinz Rudolf wächst da draußen, den mögen die Kühe besonders gern, und die Schafsnase, und einen gibt es sogar, den haben sie Zigeunerapfel genannt. Die Champagnerrenette musste ich wegen dem Schorf fällen, ich glaube, da warst du noch nicht einmal auf der Welt. Sie fasste nach ihrer Tasse, noch diesen

Winter sollen die Bäume auf der Weide gefällt werden. Heute produzieren sie die Äpfel für den Konsum und züchten neue Sorten, die weniger anfällig sind, und weniger eigen.

Das ist schade, Großmutter versank nur einen Moment in sich selbst, so ist es eben im Leben, aber, sie richtete sich wieder auf, man kann die Apfelbäume zweien, dann gehen die alten Sorten nicht verloren. Man muss nur einem alten Baum junge Zweige einpflanzen, und wenn dieser Zweig die ersten Früchte trägt, kann man aus jedem Gehäuse zehn neue Kerne gewinnen, siehst du?

Großmutter schaute in die Ferne, wohin, das wusste ich nicht, und auch nicht, ob sie müde war oder einfach nur in einem Tagtraum verschwand.

Weit oben zeichnete ein Flugzeug eine weiße Linie ins Blau, so weit weg, dass man es nicht hören konnte, nur die ersten Wespen sirrten uns an. Großmutter hatte die Maschine auch gesehen, furchtbar war das, jeden Abend mussten wir das ganze Haus abdunkeln, sie blickte mich an, die Fensterläden schließen und mit Decken abdichten, damit wirklich kein Licht hinausdrang, und auch die Straßenlampen waren gelöscht, dunkel war das, und Angst hatten wir. Die Amerikaner, sie bog ihren Finger, als wollte sie etwas aus der Luft greifen, dabei war das ja recht, dass die endlich gekommen sind, nur durften sie nicht glauben, das hier sei schon deutscher Raum, die wussten doch selbst nicht recht, wohin es sie verschlagen hatte. Da haben wir uns schon gefürchtet.

Aber damals, ich stockte, schaute meine Großmutter an, diese alte, kleine Frau. Sie hob nur das Kinn, diese Frage, sie hat sie mir nie beantwortet, und auch jetzt schüttelte sie den Kopf. Nur einmal hatte sie davon gesprochen, da war ich noch ein halbes Kind, wie Menschen angebunden worden waren und man ihnen Salz auf die Füße gestreut hatte, und wie man ihre salzigen Füße von Ziegen abschlecken ließ, um sie zu plagen. Wer das gemacht hatte und mit wem, das wollte ich wissen, als ich ein paar Jahre älter geworden war. Sie hatte abgewunken, das verstehe man nicht, und auch jetzt reagierte sie nicht.

Gloria Mundi, jetzt fällt es mir wieder ein, ein Winterapfel aus Amerika, siehst du, dieser Baum, weit hinten, sie nahm den Stock und schob ihn durch die Luft, um mir anzuzeigen, in welche Richtung ich schauen musste, ein guter Lagerapfel ist das, die Letzten habe ich heute Morgen im Kuchen verbacken.

Aber, du weißt ja, und in ihrer Stimme lag dieses Vibrato, was liebte ich den Schalk meiner Großmutter, und wir sagten zusammen auf, was sie mir immer schon geraten hatte: Wenn du einen Korb voller Äpfel hast, dann nimm jedes Mal zuerst den schönsten. Dann hast du bis zuletzt den besten Apfel.

Und wir haben gelacht, ich habe nochmals zwei Stück vom Kuchen abgeschnitten, uns je eines auf den Teller gelegt, vom lau gewordenen Tee nachgegossen, und Großmutter hat genickt, wie ich ihr versprochen habe, dass ich mich mein Leben lang an ihren Rat halten wolle.

Das ist recht, meinte sie, nachdem sie ihren Tee ausgetrunken hatte.

Komm, sagte sie jetzt wieder, und sie nahm ihren Stock, setzte ihn Schritt vor Schritt, steuerte in den Garten hinein. Vor ihrem Baum blieb sie stehen, reckte den Arm, zeigte hinauf zum untersten Ast, nahm dann den Stock und stupfte ihn an, und da erst sah ich das zarte Vlies, das um den Zweig gewickelt war. Ich glaube, er ist angewachsen, sagte sie, schau, und dann tätschelte sie die Rinde ihres steinalten Baumstammes, mein guter alter Beethoven.

Ich schaute auf diese kleine, alte Frau und wusste nicht, sollte ich aus Liebe lachen. Ja, sagte sie nur, ohne mich anzuschauen, aber hör zu, und jetzt drehte sie sich um, unerwartet flink. An diesem Baum, und nochmals tätschelte sie ihn, wachsen so viele verschiedene Sorten, und das hier, sie deutete auf den Zweig im Vlies, ist der jüngste Spross. Der Gottlieb hat mir das noch gezeigt, und er hat auch die erste Sorte eingepflanzt. Nach dem Eindunkeln hat er einen Zweig abgebrochen auf der Weide, da war er schon viel zu krank, sie legte ein kleines Warten zwischen ihre Worte, und jetzt habe ich meine letzte Sorte gezweit. Sie ging um ihren Baum herum, deutete mit dem Stock in einen Ast, schau, die ersten Äpfel sind bald reif, und weil ich sie nicht mehr pflücken kann, klaube ich sie aus dem Gras, sobald sie gefallen sind, dann sind sie erst richtig reif.

Sie wandte sich dem Haus zu, das Jahr beginnt im August, sagte sie, alleweil wahr.

Ich schloss zu ihr auf, sie blieb stehen, aber jetzt bin ich müde, und ich nickte, brachte das Geschirr in die Küche, und als ich wieder hinaustrat, stand sie noch immer da, mitten im Garten, auf ihren Stock gestützt, schief, klein, fast ein Jahrhundert ist über ihrem Kopf verstrichen.

Auf der Truhe im Korridor lag ein Apfel in einer Schale. Den nahm ich mir mit.

Heidi kann brauchen, was es gelernt hat

Mein Großvater war im Waisenhaus aufgewachsen und hatte sein Bubenleben lang von einem eigenen Bauernhof geträumt. Seine Eltern waren aber nicht gestorben, sondern geschieden. Der Vater habe nicht gern gearbeitet, er soll behauptet haben, seine Hände seien dafür zu klein.

Mein Großvater heiratete eine junge Witwe, mit deren Erbe er einen stattlichen Hof im Zürcher Weinland kaufte. Schon nach wenigen Ehejahren wurde er wieder verlassen; meine Großmutter ergriff mitsamt den siebenjährigen Zwillingen bei Nacht und Nebel die Flucht. Er tobte, aber sie kam nicht zurück. Nur die Kühe brüllten Tag für Tag erbärmlicher, und weil mein Großvater sich hartnäckig weigerte, die Tiere zu versorgen, solange seine Frau nicht zurückkäme, setzte man ihm eine Frist, nach deren Ablauf der Hof verpfändet wurde.

Im Tausch gegen seine Arbeitskraft hauste er daraufhin jahrzehntelang in einem kaum isolierten Verschlag, wo ihn keiner stören konnte, und wer es trotzdem wagte, wurde eines Besseren belehrt.

Die Handvoll Menschen, die meinen Großvater über all die Jahre nicht vergessen hatte, rieb sich die Augen, als er auf ein Schreiben reagierte, worin man ihm mitteilte, dass eine seiner Zwillingstöchter ebenfalls Mutter von Zwillingen geworden war. Weder auf die Geburtsanzeigen meiner drei älteren Geschwister noch auf die vier Kinder meiner Tante hatte er zuvor reagiert.

Es ist diesem Gesinnungswandel zu verdanken, dass ich mich heute an meinen Großvater erinnere, der immer ein wenig nach alten Baumnüssen roch, der mit dem roten Volvo, seiner zweiten Heimat, kam und ging, wie es ihm gefiel, ohne je sich anzukündigen, und der erst dann eine Krankenkasse abschloss, als er vom Staat dazu gezwungen wurde. An meinem siebten Geburtstag kam er angefahren, öffnete die hintere Tür seines Autos und hob zwei Lämmer heraus, die meine Zwillingsschwester und ich von nun an mit der Flasche großzogen.

Vom Alpöhi weiß man so viel, dass er in seinen frühen Jahren im Domleschg das Familienerbe verprasst hatte und dann nach Italien weitergezogen war, um in der Fremdenlegion zu dienen. In Neapel soll er jemanden erschlagen haben. Als er mit seinem Sohn Tobias wieder in die Bündner Herrschaft zurückkehrte, bezog er eine einsame Alphütte hoch oben am Hang über dem Dorf Maienfeld. Tobias starb früh, seine junge Frau folgte ihm bald, und das Kind der beiden brachte man bei einer Tante unter. Von Tobias Mutter ist kaum etwas bekannt.

Als dieser Einsiedler eines späten Nachmittags vor seiner Hütte saß und ins Tal hinabschaute, sah er, wie zwei Gestalten die Anhöhe erklommen. Er griff zum Fernglas. Durch die beiden Gläser erkannte er besagte Tante, aufgedonnert und mit Federn, wie er es nur in Mailand gesehen hatte. An der Hand hielt sie das Kind, mit einem Kopf voller Locken, wie er es nur in Neapel gesehen hatte. Das Kind bockte immer wieder und blieb stehen, stampfte auf, derweil die Tante an seiner Hand zerrte. Zuletzt riss es sich los und hockte auf den Boden. Mit den Gläsern folgte Alpöhi der Dame, die ihm entgegenstolzierte, ohne sich ein einziges Mal nach dem Kind umzudrehen. Da stand er auf, ging in seine Hütte, verriegelte die Tür und schlug die Läden vor der aufsteigenden Vergangenheit zu.

Nach ein paar sorglosen Jahren auf der Alp bekamen Heidi und Alpöhi erneut Besuch von der Tante. Sie hatte beschlossen, das Kind von der Alp zu holen und in die Fremde zu bringen. Dort wurde Heidi ausgebildet, lernte Hochdeutsch, und als sie zurückkam, konnte sie lesen und schreiben und sich das eine und andere selbst ausrechnen.

Aber Heidi war in der Fremde von Heimweh und bösen Träumen geplagt worden – Nacht für Nacht war ihr Peters blinde

Großmutter gestorben. Und sie hatte angefangen, weiche Semmeln zur Seite zu legen, die sie der alten Frau mitbringen wollte. Als Heidi endlich nach Hause konnte, fand sie die Alp vor, wie sie sie verlassen hatte, die Geißen, der Peter und dessen blinde Großmutter, alles war noch da.

Auch Alpöhi war der Alte geblieben. Und weil Heidi lesen und schreiben gelernt hatte, las sie ihrem Großvater die Geschichte vom Schweinehirten vor, der von zu Hause weggelaufen war und sein ganzes Erbteil verprasst hatte. Völlig zerlumpt, wie er war, war es ihm nicht einmal mehr gestattet, mit den Säuen aus einem Trog zu fressen. Und da endlich beschloss er, zu tun, was ihm zu tun blieb: Diesen Schweinetrog mit einem einzigen Tritt umzustoßen, seine Kleider auszuklopfen und nach Hause zu gehen. Tage- und nächtelang ging er zu Fuß, bis er endlich dort ankam, wo ihn zuerst nur die Hunde erkannten. Er leistete bei seinem Vater Abbitte – ich habe gesündigt vor Gott und vor den Menschen –, woraufhin der Vater seinen Sohn baden, parfümieren und einkleiden ließ und den Knechten befahl, das gemästete Kalb goldbraun zu rösten. Man versteht, dass sich der andere Sohn, der zu Hause geblieben war und dem Vater bei der Arbeit geholfen hatte, beschwerte, dass man einem, der sein ganzes Erbe mit Huren verjubelt hatte, ein solches Fest ausrichtete.

Heidi hatte kein Vermögen besessen, das sie hätte durchbringen können, und es zerreißt einem das Herz, als Fräulein Rottenmeier die trockenen Semmeln im Schrank findet und sie unter großem Lärm entsorgt.

Aber Heidi hatte in Frankfurt einiges gelernt. Es gelang ihr, den Alpöhi zur Einsicht zu bringen, sich der dörflichen Gesellschaft wieder anzuschließen und wenigstens in den Wintermonaten unten im Dorf zu wohnen, damit sie die Schule besuchen konnte. Und nachdem sie ihrem Großvater die Geschichte vom verlorenen Sohn vorgelesen hatte, begleitete er sie sogar in die Kirche, obschon er auf den Pfarrer nicht gut zu sprechen war, weil dieser als Erster mit der Idee gekommen war, dass das Kind zur Schule müsse.

Und schließlich hatte Heidi auch den Geißenpeter von der Nützlichkeit des Lesen- und Schreibenkönnens überzeugt. Er ließ es sogar zu, dass sie seine Hausaufgaben kontrollierte. Aber dass Heidis Freundin, die gelähmte Klara, die zur Kur in die Schweizer Berge gefahren war, gehen lernte, ist einzig und allein der Tatsache zu verdanken, dass der eifersüchtige Peter aus reiner Boshaftigkeit ihren Rollstuhl den Berg hinabgestoßen hat.

Ich war kein besonders widerspenstiges Kind. Einmal habe ich mit dem Schraubenzieher eine gewellte Linie in den Lack unseres Autos gezogen. Und ich erinnere mich an ein Mittagessen bei Bekannten in Maienfeld. Es gab Sauerkraut. Ich saß zuunterst am langen Tisch, weit weg von den Erwachsenen, neben Gaudenz. Gaudenz war sieben Jahre älter als ich und besaß schon eine ganze Schafherde, während ich erst ein Lamm hatte. Ich mochte Gaudenz aber vor allem deswegen, weil er in einem japanischen Heidifilm den Peter gespielt hatte, und weil er seinem Hasen den Namen Fritz gegeben und ihn so dressiert hatte, dass er jeden, der ihm zu nah kam, mit einem überraschend kräftigen Strahl anpinkelte. Weil Gaudenz mir aber trotz all unserer gemeinsamen Interessen während des ganzen Essens nicht zuhörte, als ich eine Unterhaltung über Schafzucht einfädeln wollte, kniff ich ihn ins Bein.

Gaudenz schrie auf, die Erwachsenen erschraken zuerst, aber dann lachten sie. Weitere Konsequenzen gab es nicht, auch nicht wegen des Autolacks, das alte Feldauto hatte sowieso schon viele Kratzer und Beulen.

Ansonsten war ich ein angepasstes Kind, und auch heute, als Erwachsene, lebe ich in einer geheizten Wohnung, bin gut versichert und arbeite mit Kindern, die an ihren freien Nachmittagen freiwillig zur Schule kommen, um am Unterricht «Deutsch als Zweitsprache» teilzunehmen. Obschon viele sehr gut Deutsch können, fahren sie dafür bei Wind und Wetter durch die Stadt. Im fensterlosen Schulzimmer, einem umfunktionierten Heizungsraum, legen sie ihre sauber geführten Hefte auf und die Velohelme unter das Pult. Wenn sie dem freiwilligen Unterricht ausnahmsweise fernbleiben wollen, bringen sie termingerecht ein schriftliches Gesuch mit.

Wir üben, Dinge in korrekten deutschen Sätzen zueinander in Beziehung zu setzen. Dafür betrachten wir ein großes Wimmelbild, das am Schrank hängt. Dort ist ein Schweizer, sagt ein Kind, aber ich kann unter all den Urlauberinnen, die zwischen dem Bergsee und der Badeanstalt Ball spielen und Eis essen, keinen eindeutigen Schweizer ausmachen. Doch, sagt das Kind und stellt sich vor dem Wimmelbild auf die Zehen. Es zeigt allen den Schweizer: Ganz oben links, dort, wo man im lateinischen Alphabet zu lesen beginnt, fährt ein winziges Schiff über den See, das die Schweizerflagge gehisst hat.

Wenn nötig, kommen die Kinder auch abends in die Schule. Sie begleiten ihre Eltern zu den Schulgesprächen, damit sie alles, was ich sage, richtig verstehen. Die Kinder hören mir genau zu, übersetzen für die Eltern, was ich über sie sage, und auch die Rückfragen übersetzen sie. An einem dieser Abende weist ein Kind seine Mutter zurecht, weil sie in ihrer eigenen Schrift ein Formular von rechts nach links unterschreibt. Ein Vater, der in einer Küche arbeitet, erzählt von seiner Highschoolzeit, die er nach zwei Tagen abgebrochen hatte, weil er dazu das Fahrrad nehmen musste und es zu viel Wind gab. Er möchte, dass sein Kind gut ist in der Schule, dass es andere Möglichkeiten hat als er selbst, und der Vater und das Kind schauen sich an, bevor das Kind das, was der Vater gesagt hat, wiederholt, obschon der Vater es auf Deutsch gesagt hat.

Und wie ein Schauspieler, der denkt, dass die Kameras ausgeschaltet sind, fügt er hinzu, dass sein Fahrrad, mit dem er in die Highschool hätte fahren sollen, noch lange im Hof hinter dem Haus lag. Es war geschmolzen, eine Fassbombe hatte es getroffen, und der Vater sagt, ich hätte die Schule sowieso nicht fertig machen können, es war Krieg.

Das Kind schaut zu seinem Vater, dann zu mir, und weil es sieht, dass ich noch nicht begriffen habe, übersetzt es für mich.

Nicht alle Kinder kennen die Gründe, warum sie mit den Eltern in die Schweiz gekommen sind. Mit mir jedenfalls sprechen sie nicht über Heimweh. Ein Knabe erzählt mir, dass es dort, wo er herkommt, bei seinen Großeltern zu Hause, sehr schön ist, aber dass es unter dem Klodeckel viele Fliegen gibt, das habe er in den Ferien gesehen.

Ein Kind kommt nicht mehr in den freiwilligen Unterricht «Deutsch als Zweitsprache». Bis zur dritten Klasse war es in der Regelschule unauffällig gewesen. Dann hatte es angefangen, im Unterricht mit den Füßen zu stampfen, mit den Fingern zu schnipsen, die Hände auf den Tisch zu klatschen und sich die Ellbogen in die Knie zu schlagen. Nach dieser wunderlichen Kaprize rechnete es konzentriert weiter, als wäre nichts gewesen. Die anderen Kinder aus seiner Klasse, die zu Hause Deutsch sprachen, beschwerten sich, weil sie nicht schön schreiben konnten, wenn der Tisch wackelte. Und als das Kind an einen Einzelplatz versetzt worden war, beschweren sie sich darüber, dass ein Kind, das nicht aufhören konnte mit Stampfen und Schnipsen und Klopfen, einen Tisch für sich allein bekam, während alle anderen einen Tisch teilen mussten.

Der Klassenlehrer fand für dieses Kind eine andere Lösung, in einer anderen Schule, am anderen Ende der Stadt, wo Kinder mit Schwierigkeiten in ihrem eigenen Tempo lernen konnten. Dort fand man aber rasch heraus, dass das Kind gar nicht bockig war, sich gar nicht verweigern wollte und auch überhaupt keine Probleme hatte, dem Schulstoff zu folgen. Es hatte bloß nie aufgehört, mit den Fingern zu rechnen, mit seinen Händen, Füßen, Armen und Beinen zu denken, es hatte vollen Körpereinsatz gegeben, um die immer anspruchsvoller werdenden Aufgaben lösen zu können.

Jetzt aber weigerte sich dieses Kind, an seine alte Schule zurückzukehren. Es wollte nicht zurück ins alte Klassenzimmer, wo es den Tisch teilen musste, wo es von den anderen Kindern beim Klassenlehrer verpfiffen wurde. Lieber fuhr es bei Wind und Wetter durch die Stadt, in die neue Schule, wo es rasch Freundschaften geschlossen hatte, und wo es lernen konnte, so viel es wollte, an seinem eigenen Tisch.

**Nach
drei
Seiten
hin
Fenster**

Die Wohnung, die ich vor einem halben Jahr bezogen habe, kann durch den Vorder- oder den Hintereingang betreten werden. Will man die vordere Tür nutzen, kommt man an einem japanischen und einem italienischen Restaurant vorbei, an einem Cupcakeladen, einem von Portugiesen geführten internationalen Kiosk, der Heilsarmee-Gassenküche und einem Laden mit eritreischen Produkten.

Der Weg zur hinteren Tür führt durch eine niedrige Einfahrt in den Hinterhof, wo Kinder oft bis spät Ball spielen. Aus den Wohnungen dringen Geräusche und Gerüche, in einem Fenster hängt die Schweizerfahne. Neben der Tür, direkt vor meinem Küchenfenster, steht eine Menge Fahrräder, manche mit platten Reifen.

Das Haus, in dem ich lebe, liegt Rücken an Rücken mit einem teuren spanischen Restaurant, eine der besten Adressen der Stadt, sagt man.

Es ist eine helle Wohnung im Erdgeschoss, die nach drei Seiten hin Fenster hat. Schaut man aus der Wohnung nach rechts, sieht man die internationalen Betriebe, links das Edellokal im Hinterhof und geradeaus eine fensterlose Hausmauer, an der mehrere Rollcontainer abgestellt sind.

Weil der Empfang schlecht ist, stelle ich mich zum Telefonieren oft ans Wohnzimmerfenster, an die Vorderseite des Hauses. Draußen gehen Menschen mit Einkaufstaschen voller Gemüse vorbei, Autos werden geparkt, Jugendliche flitzen auf Skateboards herum. Wenn das Milchglasfenster offen steht, kann man beim Vorübergehen in die Wohnung hineinschauen. Es hat etwas seltsam Vertrautes, wenn mir ein Passant in die Augen blickt, der auch telefoniert.

Schon als Kind saß ich gern am Fenster und schaute auf die Kantonsstraße hinaus, die an unserem Haus vorbeiführte und eine

Schneise in die Landschaft schnitt. Im Fliederbusch, der das Haus von der Straße abschirmte, hing im Winter ein Futterhäuschen für Vögel. Darunter duckte sich oft die Katze und lauerte, ungeduldig, aber stundenlang. Jedes Mal, wenn ein Vogel kam, war ich ganz aufgeregt, ich hätte es der Katze nicht verziehen, wenn sie einen Vogel gefressen hätte, nur vertrieben habe ich sie nie.

An einem kalten Sonntagmorgen öffnete ich die Fenster meiner Wohnung, um frische Luft hereinzulassen. Ich sah einen Mann. Er kam von hinten ans Haus herangeschlichen, näherte sich in einem großen Bogen meinem Küchenfenster, als wollte er seine Ankunft verzögern. Als er vor mir stand, zwischen uns die Fahrräder, fragte er nach Geld, um seinen Kindern Essen zu kaufen. In der Nähe hatte nur die italienische Feinbäckerei offen. Ich gab ihm, mit dem üblichen Zwiespalt, einen Teil dessen, was da war. Später sah ich ihn nochmals, unter dem Arm hatte er ein großes Hefegebäck, das in durchscheinendes Papier eingeschlagen war. Mehr kann man in der Feinbäckerei für dieses Geld nicht kaufen.

Beim ersten Sturmregen nach meinem Einzug schaute ich vom Sofa aus zu, wie die Rollcontainer vom Wind über die Straße getrieben wurden. Sie fuhren hintereinander her, zielten nach hier und nach dort, Autos mussten ausweichen, und ich begann, mit ihnen mitzufiebern, feuerte sie an, als wäre es ein Wettlauf. Als wieder Ruhe eingekehrt war, fiel mir auf, dass ich das Mädchen und den Jungen, die den ganzen Sommer über jeden Abend an der seitlichen Hauswand gesessen waren, schon lange nicht mehr gesehen hatte. Sie hatten dort, abgeschirmt von den Containern, stundenlang geredet, ohne zu rauchen, ohne zu küssen.

Seit ich hier lebe, wurde noch nie eingebrochen, aber ich weiß, dass vor Jahren an einem Samstagmorgen ein Computer aus der

Wohnung gestohlen worden ist. Am Samstagmorgen sind die Straßen hier so leer wie sonst nie, das Nachtleben klingt aus, die Anwohner schlafen noch. Jemand muss hinten beim Küchenfenster eingestiegen sein, wo Einbruchspuren hinterlassen worden waren. Dann wurde die Wohnung durchquert und vermutlich über das Wohnzimmerfenster wieder verlassen. Dieses stand weit offen, als meine Vormieter aufgestanden sind.

Frühstück esse ich oft in der schmalen Küche am Fensterbrett und blicke auf die alten Fahrräder; die teureren Räder sind im Keller eingeschlossen. Gegenüber, an der Rückwand des spanischen Lokals, sind die Abfallcontainer des Restaurants aufgereiht. Immer wieder kommen Menschen hier vorbei, auf der Suche nach essbaren Resten. Manche schauen sich um, wenn sie etwas gefunden haben, und erst dann lehnen sie sich an die Wand, um ihre Mahlzeit zu verspeisen.

Am frühen Vormittag kippen die Angestellten Kisten voller leerer Flaschen in den Glascontainer. Weinpreise gibt die Speisekarte der Restaurant-Website nicht an.

Der Eingang des Lokals liegt auf der anderen Seite des Gebäudes und ist von meiner Wohnung aus nicht sichtbar. Buchsbaumkugeln säumen seinen Vorplatz, wo im Sommer Apéros gegeben werden.

Ein Parkwächter stellt die Autos der Gäste hinter dem Restaurant ab. Menschen in Anzügen treten durch das Fumoir nach draußen in den Hinterhof, stehen zwischen unseren Fahrrädern und ihren riesigen Wagen herum, treten ihre Zigarren aus, reden viel zu laut, entdecken nach kurzer Zeit, dass die Fahrradglocken noch immer funktionieren.

Am Ende der langen Abende zirkelt der Parkwächter die Autos wieder aus dem engen Hinterhof. Auch manche Gäste, die nicht mit dem Auto gekommen sind, schauen hier vorbei, bevor sie am Vorplatz ins bestellte Taxi steigen. Sie lassen die Anzugshose herunter und pinkeln erstklassige Spirituosen an die Wand, in linkischen Schnörkeln, so ungelenk wie jene Spirale, die ich als Kind aus purem Forschungstrieb mit einem Schraubenzieher in den Lack des Autos meiner Eltern gekratzt habe.

Auch in die Waschküche gelangt man ausschließlich durch den Hinterhof. Nur aus zweiter Hand kann ich wiedergeben, dass auf der Treppe, die in den Waschraum hinabführt, manchmal Menschen saßen und Folie rauchten, und dass einer der Hausbewohner einmal eine Spritze weggeräumt hat. Ich weiß, dass sich die Menschen, die dort saßen, jedes Mal entschuldigt haben, dass sie sofort zur Seite gerückt sind, wenn jemand mit einem Korb voller Wäsche aus dem Haus gekommen ist, und dass sie längst verschwunden waren, wenn der Waschgang fertig war.

Heute sitzt niemand mehr auf dieser Treppe. Es sind dafür andere Plätze geschaffen worden, am Rand der Stadt.

Kurz vor Weihnachten saß ich wieder am Küchenfenster. Ein Mann ging vorbei, schaute durchs Fenster herein, zurückhaltend, aber doch neugierig. Ich habe gewunken, er hat zurückgewunken und ist weitergegangen. Einen Moment später stand er wieder da. Ich zögerte, bevor ich das Fenster öffnete. Ob hier eine Wohnung frei sei, wollte er wissen. Ich wusste von nichts, wies aber auf das Haus gegenüber, vielleicht, sagte ich, sei es das Nachbarhaus, das er suche.

Wenn ich zur Dachterrasse unseres Hauses hinaufsteige, kann ich in die Wohnungen schauen, die über dem spanischen Restaurant liegen. Im ersten Stock steht häufig ein Mann im Unterhemd am Fenster. Ihn sehe ich auch von meinem Küchenfenster aus, manchmal steht er ohne Unterhemd da. Aber weder von der Küche noch vom Treppenhaus aus kann ich erkennen, ob er mich ebenfalls sieht. Vielleicht sind es die Fensterscheiben, die sein Unterhemd schmutzig wirken lassen. Oder es ist mein eigener Blick. Direkt über einer der besten Adressen der Stadt hat man Sozialwohnungen eingerichtet, in die man nur durch den Seiteneingang gelangt. Wie viele Menschen in diesen Wohneinheiten leben, kann man am eng beschriebenen Klingelschild ablesen.

Im vierten Stock lebt ein Mann, der immer einen Vogel auf der Schulter trägt. Aus einer anderen Wohnung klingt tagein tagaus Musik. Auf dem Dach angelangt, blicke ich über die teuersten Dächer Europas. Die Luft ist frisch, aus allen Gassen dringen Geräusche herauf, Sonnenlicht gibt es im Überfluss.

Kürzlich habe ich in der Küche einen Kaffee getrunken. Zwei junge Männer haben Eimer aus einem Auto geladen und sie durch den Hinterhof getragen. Sie haben mich angeschaut, mir zugenickt und sind im Seiteneingang des Nachbarhauses verschwunden.

Bald darauf habe ich gesehen, wie sie im ersten Stock das Fenster aufrissen. Hinter ihnen tauchte für einen kurzen Moment der Mann im Unterhemd auf. Als er wieder verschwunden war, zogen die beiden Männer mit spitzen Fingern Handschuhe über. Der eine beugte sich aus dem Fenster und spuckte in den Hinterhof. Als er sah, dass ich immer noch dort saß, schaute er mich entschuldigend an, zog die Schultern hoch, krempelte die Ärmel zurück und machte sich an die Arbeit. Später entsorgten sie die gebrauchten Handschuhe im Abfallcontainer und luden die Eimer wieder in den Dienstwagen. Mein Kaffee war kalt.

Wie sie schließlich davonfuhren, dachte ich darüber nach, ob der Fliederbusch noch steht, und darüber, dass Vögel noch immer keine Katzen fressen.

Friendly Alien

Nach meiner Ankunft in Graz musste ich erst einmal fünf Tage lang im Zimmer bleiben. Das Zimmer lag im dritten Stock eines ehemaligen Jesuitencollegiums, der ältesten Universität Österreichs, mitten in der Grazer Innenstadt. Ich schlich mich jeweils frühmorgens hinaus und spazierte eine Stunde am Flussufer entlang, um rechtzeitig zurück zu sein, bevor das noch immer eingeschränkte Leben in der Stadt erwachte.

Den Rest der Zeit verbrachte ich mit virtuellen Geländerundgängen. Man kann die Mur entlang ausgedehnte Rad- und Wandertouren unternehmen. Riesige Sedimentmassen von Kiesel, Sand und Lehm hatten sich in den wechselnden Kalt- und Warmzeiten hier abgelagert. Die bis zu 440 Millionen Jahre alten Grazer Gesteine stammen aus dem Paläozoikum, der frühesten der drei Ären des geologischen Erdaltertums.

Seit der Entwicklung des interkontinentalen Welthandels bereichern diverse Neophyten die hiesige Flora, der Japanknöterich etwa oder die Murfeigln. Auch exotische Spinnen haben sich in den jungen Schwemmböden angesiedelt und anspruchsvolle Arachnengemeinschaften gegründet. Spinnenarten, die sich erst nach der Entdeckung Amerikas in dieser Auenlandschaft niedergelassen haben, werden als Neozoon oder auch als Alien bezeichnet.

Weil mir in der Isolierung am Fensterplatz die Zeit lang wurde, zoomte ich mich hinaus, bis auf meinem Bildschirm der ganze Planet sichtbar war, und dann noch weiter, bis die Erde zu jenem berühmten hellblauen Punkt geworden war. Die Unendlichkeit des Universums verbildlicht der Astrophysiker Avi Loeb, indem er eine Ameise in der Megacity zu einem einzelnen menschlichen Körper auf einem gewaltigen Kontinent in Beziehung setzt. Von hier aus ließ Loeb mich allein weiterdenken.

An einem sonnigen Sonntag konnte ich mein Zimmer endlich verlassen. Ich stieg in den Klosterhof hinab, wo ein Fahrrad für mich bereitstand. Ich schloss es auf, die Zahlenkombination war die gleiche wie die Postleitzahl des Dorfes, in dem ich aufgewachsen war, nur waren die beiden letzten Zahlen vertauscht. Ich fuhr aus der hellen Steinstadt hinaus, ins Grüne, in die Murauen, hinein in diese reiche Flora und Fauna.

Am selben Morgen hatte ich einen Artikel über Oumuamua gelesen. Oumuamua war im Jahr 2017 in hohem Tempo an unserem Planeten vorbeigezogen – schnell genug, um der Anziehungskraft der Sonne zu entkommen. Sie ist das erste interstellare Objekt, das in unserem Sonnensystem beobachtet wurde, und auch wenn mir klar war, dass die hoch aufgelösten Bilder von ihr computergeneriert sind, hatten mich ihre beiden Gesichtlein von Anfang an seltsam berührt, von denen eines nach vorne schaute und eines seitlich rückwärts, beide mit Äuglein und Maul versehen. Das vordere wirkte verärgert über das hintere, das ängstlich zurückblickte.

Ich überquerte eine Holzbrücke und fuhr am anderen Ufer der Mur weiter. Es gefiel mir sehr, aus eigener Kraft schneller zu sein, als ich es zu Fuß sein könnte, und so radelte ich durch diese grünen Auen, und die Vögel sangen. Oumuamua war so rasch wieder aus unserem Gesichtsfeld verschwunden, als müsste sie irgendwo rechtzeitig erscheinen, bevor ihre Abwesenheit bemerkt wurde. Berechnungen zufolge soll sie Ende der 2030er-Jahre die letzten Ausläufer des Sonnensystems wieder verlassen, jedoch hatte sie sich schon auf ihrer kurzen Visite in Erdnähe nicht an die vorausberechnete Route gehalten.

Das Wasser floss träge durch die wilder werdende Landschaft, die Vögel waren laut, der ganze Wald musste voller Vögel sein, und als ich einen einzelnen Kuckuck heraushörte, tastete ich mit einer

Hand meine Kleidung nach Münzen ab, weil mein Großvater immer gesagt hatte, dass man Geld im Sack haben muss, wenn man im Frühjahr zum ersten Mal den Kuckuck hört. Dann hat man Geld genug das ganze Jahr.

Ich wurde hungrig, setzte mich zwischen Reisighaufen ans Flussufer und aß ein Sandwich. Hier arbeiteten Biber seit Generationen an ihren Bauten. Ich hatte mir in meinem Zimmer angelesen, dass ihre Behausungen auch Fischen als Unterstand dienten, was schlussendlich dem Otter zugutekam, und dass noch ganz andere Tiere hier in den Murauen lebten, von denen ich noch nie zuvor gehört hatte. Der variable Schönbock etwa, aus der Familie der Bockkäfer.

Wer oder was Oumuamua genau ist, bleibt bisher unklar. Sie wird in Berichten und Artikeln als Neutrum bezeichnet, was natürlich nachvollziehbar ist, aber mir gelingt es nicht, sie auch als Neutrum zu betrachten, obschon ich ihr nirgends sonst als in Berichten und Artikeln begegnet bin.

Sie wird unter anderem als poröser Teppich beschrieben, gewebt aus Staub und Eis, aber auch als Eisberg aus gefrorenem Wasserstoff. In den Versuchen, ihr Wesen, ihre Beschaffenheit oder ihre Herkunft zu erklären, wird meist damit argumentiert, dass es sich um ein natürliches Phänomen handle – obschon kein einziges der beschriebenen Phänomene je zuvor in der Natur beobachtet worden ist.

Mit achthundert Metern Länge und der rötlichschwarzen Farbe hatte der flüchtige Gast nicht nur eine einzigartige Erscheinungsform, sondern rotierte auch um zwei Achsen gleichzeitig und wippte dabei auf und ab. Für ein so winziges Objekt war Oumuamua außerdem viel zu hell; sie reflektierte das Licht zehnmal stärker als ein Asteroid oder ein Komet. Und als wäre das alles nicht spektakulär genug, nahm ihre Helligkeit in einem Zyklus von acht Stunden um den Faktor zehn ab und dann wieder zu, ganz so, als wollte sie ihrem Muttergestirn Blinksignale senden.

Vor mir hatten sich Wolken aufgetürmt, die sich im Wasser spiegelten, während hinter mir Autos über die Autobahnbrücke rasten. Und ich fuhr weiter, in hohem Tempo, von allen Seiten her erreichte mich das Singen und Tschilpen und Rufen und Schlagen der Vögel.

Den ersten Donner ignorierte ich. Ich fuhr weiter das Gewässer entlang, aber es begegneten mir kaum noch Menschen, nur das Grollen kam näher. Und nachdem mich schließlich ein letztes E-Bike überholt hatte, war mir, als wäre ich die Letzte auf der Welt, ganz allein in der Natur, und das gefiel mir sehr.

Es war still geworden. Ein Erpel traversierte rasch das Kehrwasser, paddelte ans Ufer, ansonsten konnte ich keine Tiere mehr ausmachen, selbst der Kuckuck schwieg. Kein Rascheln in den Murauen, obschon ich aus meinen Recherchen wusste, dass sie alle da sein mussten, die Erdkröte, die Blindschleiche, der Grasfrosch und die Nattern, und wo waren all die Schmetterlinge mit ihren filigranen Flügeln, die nicht nass werden durften. Ich wusste, ich war nicht allein, sie zeigten sich nur nicht.

In den wenigen Tagen, während derer Oumuamua von der Erde aus sichtbar gewesen war, hatte man einen ganzen Wald Radioteleskope auf sie gerichtet; Forscherinnen auf der Suche nach extraterrestrischer Intelligenz analysierten jegliche Hinweise auf Technosignaturen. Technosignaturen liefern Beweise für vergangene oder gegenwärtige Technologien und geben, wie Biosignaturen, Hinweise auf die Existenz von Leben, sei es intelligent oder nicht.

Bei vielen der Signale, die während Oumuamuas Stippvisite aufgezeichnet worden waren, stellte sich heraus, dass es sich um harmlose menschliche Technologien handelte.

Oumuamua ihrerseits hielt sich bedeckt. Sie gab keine Geräusche von sich, und nicht einmal einen Schweif hinterließ sie, weswegen man mit Sicherheit immerhin sagen konnte, dass sie kein Komet war.

Ich zuckte zusammen, als es ganz nah knallte, und wendete das Rad. Ich fuhr noch schneller, duckte mich tief, der Himmel war gelb geworden. Und dann fegte der Wind an mir vorbei, die Tropfen prasselten auf mich herab, sie taten nicht weh, aber im Nu war ich nass, der Kapuzenpulli schwer und meine Hände sehr kalt.

Brüllend und stampfend zog das Gewitter neben mir her, wie jener riesige Bulle auf dem Weg zur Schule. Jeden Tag war ich, so schnell ich konnte, an ihm vorbeigerannt, und er war auf der anderen Seite des Zaunes neben mir hergerannt, vielleicht hatte ich ihm auch Angst gemacht.

Lichter zuckten über den Himmel. Wenn mich hier der Blitz trifft, dachte ich, wie lange würde es dauern, bis mich jemand fände, und ob mich ein Tier anfräße, noch bevor ich gefunden worden wäre, und wenn ja, welches.

Im amerikanischen Luftraum – und mutmaßlich auch anderswo – werden seit Jahrzehnten Vehikel über dem Meer gesichtet, die bisher nicht identifiziert werden konnten, deren Aussehen und Flugverhalten sich aber bis ins Detail ähneln: Sie tauchen ab und wieder auf, verschwinden und werden nach unglaublich kurzer Zeit an weit entfernten Positionen erneut gesichtet. Diese Beobachtungen wurden jahrelang geheim gehalten, und nun, da alles ans Licht gekommen ist, sagen manche Militärpilotinnen aus, dass sie die Sichtungen nur rapportiert hätten, weil sie Zeugen gehabt, ihre Beobachtungen nicht allein gemacht hätten. Es gibt die unterschiedlichsten Theorien dazu, etwa jene, dass es sich um chinesische oder russische Spionageobjekte handle. Es sei außerdem nicht auszuschließen, hatte ich in einer Radiosendung gehört, dass diese unbekannten Flugobjekte Gesandte einer außerirdischen Zivilisation seien, die uns Menschen aus Sorge vor unserem gefährlichen Verhalten beobachteten – oftmals sollen sie ganz in der Nähe von Zonen gesichtet worden sein, wo Atomtests durchgeführt werden.

Wild war das Wasser geworden. In den Zeitläuften der Geschichte war die Mur schon oft über die Ufer getreten, hatte ihre Bahnen verlassen, Brücken eingerissen, ein Dampfschiff zum Kentern gebracht. Ganz schwarz war der Fluss, er spiegelte auch die Wolken nicht mehr, nur eine weggeworfene Redbull-Dose wurde vom Wasser auf und ab gerissen, ihr blechernes Blau leuchtete in den Wellen.

In der jüngeren Vergangenheit sind in der Mur spektakuläre Goldfunde gelungen, an guten Tagen kann man ein ganzes Gramm Gold aus den Ablagerungen herauswaschen. Unter Felsbrocken lassen sich Flitter und Blättchen in der Größe von einem Zehntelmillimeter bis zu drei Millimetern finden.

Eine von vielen Seiten anerkannte Erklärung für Oumuamua ist jene, dass es sich um einen großen Klumpen Stickstoffeis handelt, der auf dem Weg durch das Sonnensystem zu 95 Prozent geschmolzen ist. Möglicherweise war der kleine Körper aber auch einmal Teil eines großen Asteroiden außerhalb des Sonnensystems oder sogar eines Exoplaneten, der größer war als die Erde.

Avi Loeb wiederum geht davon aus, dass Oumuamua ein Stück Weltraumschrott ist, ein Lichtsegel, das vor etwa 500 Millionen Jahren von längst verschollenen Herstellerinnen in Massenproduktion gebaut worden war. Angesichts der unendlichen Weiten des Weltraums ist er überzeugt, dass noch Tausende interstellare Wrackteile zu entdecken sein werden, wodurch Oumuamuas Eigenschaften entziffert und vertieft erforscht werden können. Zugleich schließt Loeb nicht aus, dass Oumuamua ein voll einsatzfähiger Prototyp ist, der von einer fremden Zivilisation, einer hypothetischen Megastruktur, vorsätzlich in die Nähe der Erde gesandt worden sei.

Ich trat in die Pedale und fuhr so schnell ich konnte, weil ich einfach nur noch nach Hause wollte, in mein trockenes Zimmer, die Landkärtchenfalter und Teppichkäfer waren mir einerlei geworden, die Wasserflut stürzte auf mich herab, und mir war, als würde alles davongeschwemmt werden, die Welt den Bach runtergehen.

Woher ich denn komme, so nass, wurde ich gefragt, nachdem ich in die Stadt zurückgekehrt war. Man glaubte mir kaum, denn hier waren die Straßen trocken, die Sonne schien, von einem Gewitter hatte niemand etwas bemerkt.
 Wohin bist du denn gefahren, fragte man weiter, flussabwärts oder flussaufwärts, aber ich konnte mich nicht an die Fließrichtung des Wassers erinnern, ich konnte nur sagen, dass ich Richtung Leibnitz gefahren war, und nicht Richtung Leoben, und man staunte darüber, dass ich mich nach so kurzem Aufenthalt in dieser Stadt schon so gut auskannte.

Ich zog trockene Kleidung an und ging ins Museum, um mir eine Ausstellung mit dem Titel «Europa: Antike Zukunft» anzuschauen. Am Ende meines Besuchs betrat ich im Kellergeschoss einen

Raum, wo die Videoinstallation von Franco Vaccari «Messaggero che arriva per primo da lontano» gezeigt wurde. Das ist die italienische Übersetzung für das hawaiianische Wort Oumuamua, was zu Deutsch so viel bedeutet wie «Bote aus der Vergangenheit» oder «Anführer» oder auch «Ein Späher von weit weg, der uns nun erreicht hat». Man hatte Oumuamua in Hawaii zuerst entdeckt, von einem Observatorium auf einem erloschenen hawaiianischen Vulkankrater aus, und mich wunderte, was dieser Film mit Europa zu tun haben sollte.

Oumuamua tritt darin als winziger Punkt aus dem kosmischen Gelände heraus, nähert sich, scheinbar gelassen, aber schnell, bis auf ihrer Oberfläche Schatten erkennbar werden, schließlich Strukturen, Gewebe, dann die beiden Gesichtlein und bald auch deren Mienen. Sie wird rasch größer, versperrt den Blick in die Weiten des Alls, bis sie nur noch eine riesige dunkle Fläche ist, schließlich die ganze Linse der Kamera einnimmt, der Raum stockdunkel wird.

Als ich mich an die Dunkelheit gewöhnt hatte, fiel mir auf, dass ich mich in den filzigen Fasern des Teppichs festgekrallt hatte, der den schwankenden Boden dieses Raumes im Kellergeschoss eines Museums einer mittleren Stadt des alten Europas bedeckte. Ein wenig war mir schwindelig, als ich aufstand, eine Ameise stellte ich mir vor, den nächsten Kontinent und dann den Anfang des Alls, das Ende des Sonnensystems, Oumuamuas Heimat.

Zurück im Zimmer entdeckte ich am Vorhang ein Insekt. Zuerst hielt ich es für einen Nachtfalter. Aber wenn ich genau hingesehen und richtig recherchiert habe, war es ein europäischer Bachhaft, der sich in die Innenstadt verirrt hatte, der einzige in Mitteleuropa vorkommende Vertreter der Bachhafte, der sich nur an naturbelassenen Gewässern mit intakter Auenlandschaft ansiedelt.

Social Freezing

Am 11. September 2018 um 15.47 Uhr rief mich meine Mutter an. Ich schaute auf das Display, dann wieder auf den Bildschirm. Ich hatte noch dreieinhalb Seiten vor mir, wenn ich den Zeitplan für das Lektorat meines ersten Romans einhalten wollte, also gut zwei Stunden Arbeit.

Um 18.30 Uhr rief ich zurück. Ich hatte ein wenig länger gebraucht, weil ich, warum auch immer, wusste, dass das kein gutes Gespräch werden würde.

Auch dass es um meinen Vater gehen musste, war mir klar, nur was genau, wie schwer, und ob er noch lebte, wusste ich nicht.

Er lag auf der Intensivstation. Sie hatten ihn sogleich nach St. Gallen gebracht, weil das Stroke Center des Kantonsspitals St. Gallen das nächstgelegene der zehn zertifizierten Schlaganfallzentren der Schweiz ist.

Mehr wusste man noch nicht, er war immer nur für kurze Momente wach, er war unruhig und halluzinierte.

Am Tag darauf hatte ich einen Termin beim Kinderwunschzentrum. Der Arzt war ein paar Jahre jünger als ich und hatte mich beim ersten Termin, einige Wochen zuvor, mit den Worten begrüßt: Sie wollen ein Kind? Können wir machen – noch heute liegt mir dieser auffallend rhythmische Werbeslogan in den Ohren. Er hieß mich, mich hinzusetzen, hieß mich, eine Tabelle anzuschauen, hieß mich, seine Arbeit mit ihm durchzugehen, die Auswertung all der Proben und Tests zu studieren. Die Wahrscheinlichkeit ist gering, sagte er, nicht unmöglich, aber gering, dass Sie je ein Kind bekommen werden.

Ich musste fast weinen. Das ist nicht so schlimm, sagte er, wir haben viele Möglichkeiten. Ich stand auf und ging, ohne auch nur eine einzige dieser Möglichkeiten in Betracht gezogen zu haben; mein semantisches Feld des Begriffs Leben hatte sich innerhalb weniger Stunden um ein Vielfaches ausgedehnt.

Mein Vater wurde Ende 2018 mehrmals operiert, war lange Zeit im Koma, und ich stand oder saß immer wieder für ein paar Stunden an seinem Bett. Er lag da und atmete, aber nicht von allein, die Maschine atmete für ihn, sie piepste und surrte und schnaufte für ihn, lebte für ihn, und überall waren Kurven, Lichter und Bildschirme mit Linien und Verläufen, Herzschlag, Hirnaktivität, was weiß ich. Was ich weiß, ist, dass man jedes Mal zusammenzuckt, wenn irgendetwas geschieht auf diesen Bildschirmen, was man nicht versteht, also dauernd.

Mein Vater lag genauso da wie damals meine Schwester, als sie vor vielen Jahren an einer Meningitis erkrankt war, die sich ausgeweitet hatte, sodass auch das Hirn selbst entzündet war. Ob sie das überlebt, sei fraglich, mit Sicherheit, so der medizinische Befund, werde sie schwere Folgeschäden davontragen. Sie lag da, auch für sie atmete die Maschine, wochenlang, aber in dem Moment, als sie aufwachte, war ich bei ihr, und das erste Wort, das sie sagte, war Wolf.

Während mein Vater im Spätherbst 2018 zwischen Leben und Tod schwebte, wurde das erste Buch eines Freundes getauft, ich ging hin, es war ein schöner Abend, ein weißer Hund war dabei und viele Menschen, gute Bekannte, Freunde von Freunden und Freundinnen, manche fragten, wie es mir gehe, gut, sagte ich, bist du sicher, fragten sie, ja, nur meine Tasche ist ein wenig schwer.

Ich verabschiedete mich früh, ging zu Fuß nach Hause, den Fluss entlang, musste weinen, auch weil ich meinen Freundinnen, den Freunden von Freunden und den guten Bekannten nicht einfach sagen konnte, dass es mir nicht gut gehe, niemand hätte es mir übel genommen, niemand hätte dumme Fragen gestellt, es gibt keine dummen Fragen. Ich ging alleine nach Hause und dachte daran, wie ich schon, noch lange bevor meine Schwester mit der

Hirnentzündung im Spital gelegen war, mit meinen Freundinnen nicht gesprochen hatte, als sie mich in der Schule gefragt hatten, was los sei, jeden Tag hatten wir uns gesehen, und ich hatte ihnen zwei Wochen lang nicht erzählt, dass mein Bruder Krebs hatte, dass er bereits Metastasen hatte und dass man ihn sofort, noch am selben Abend, als wir es erfuhren, hatte operieren müssen. Ich war, so stellte ich damals fest, der Überzeugung, dass das alles nicht wahr sei, solange ich es nicht ausspreche, dass es erst, wenn ich es ausspreche, wahr wird. Dass es wahr war, daran ließen die folgenden Jahre keinen Zweifel, in denen er in schnellem Rhythmus den Chemotherapien am Universitätsspital Zürich ausgesetzt war, und daran ließen auch die Haare keinen Zweifel, die ausfielen und wieder wuchsen, alternierend als gerade Haare und als krause Locken. Heute hat er gerade Haare.

Dass es wahr war, daran ließ auch der Tumor fünfeinhalb Jahre später keinen Zweifel, und daran ließ auch der Tumor, den er im Herbst 2019 hatte, Ende Oktober, Anfang November, keinen Zweifel, nur, dass sich dieser verdammte Tumor doch endlich als ein gutartiger herausstellte, einer, den man nur herausoperieren musste.

Das Leben im Spätherbst 2019 ging weiter, genauso, wie es auch im Spätsommer 2018 weitergegangen war, während mich jene Monate und Jahre einholten, als ich noch ein Kind war, und als auch mein Bruder noch ein Kind war, und meine Schwester begann, sich zu einer jungen Frau zu entwickeln, und zwei Wochen, bevor sie die Schule abgeschlossen hätte, stürzte. Es war ein komplizierter Bruch, der ihr die Oberschenkelkugelkappe absprengte und sie wochenlang zum Liegen zwang. Vom Liegen wurde sie zuerst ein bisschen dick und dann aufgedunsen, ihre Haut wurde rot und die Haare fielen in runden Kreisen aus. Sie wurde zu den Spezialisten ins Kantonsspital St. Gallen gebracht, wo man nach langen Monaten einen Lupus diagnostizierte, eine Autoimmunerkrankung, und bis sie fünfundzwanzig Jahre alt war, verbrachte sie die meiste Zeit in Krankenhäusern.

Ich weiß nicht mehr, wie viel Zeit dazwischen lag, ich könnte es herausfinden, es lag einfach Kindheitszeit dazwischen, zwischen diesem Unfall und jener Zeit, die mein Vater bereits Jahre zuvor im Spital verbracht hatte. Ich erinnere mich eigentlich nur an die vielen Spaziergänge, die ich damals mit ihm gemacht hatte, als Kind, als er wieder nach Hause konnte, nur wir zwei, er mit dem Infusionsständer, ich nebenher, und später ging er ohne Infusionsständer. Jedenfalls musste ich immer sehr langsam neben meinem Vater her spazieren, weil ich ihn sonst hinter mir gelassen hätte, aber ich wollte ja zu ihm schauen. Dass diese Operationen, es müssen mehrere gewesen sein, Spätfolgen eines Geburtsfehlers gewesen waren, davon hatte ich erst viele Jahre später erfahren; mein Vater war ohne Darmausgang zur Welt gekommen und musste als neugeborenes Kind, bei einer noch nicht annähernd so hoch entwickelten Medizinaltechnik, wie wir sie heute haben, unzählige Operationen über sich ergehen lassen.

Schon damals wusste ich aber, dass sein Vater gestorben war, als mein Vater erst vier Jahre alt war. Mein Großvater war an Kinderlähmung gestorben. Er war in seinen letzten Tagen auf eine Beatmungsmaschine angewiesen, die einzige, die zur Verfügung stand. Gleichzeitig wäre ein Junge auf die Beatmungsmaschine angewiesen gewesen, um zu überleben. Man hatte sich für den Familienvater entschieden, man hatte sich entscheiden müssen, hatte nicht wissen können, dass mein Großvater trotzdem nicht überleben würde. Dieser Junge, dessen Namen ich nicht kenne, müsste heute ein paar Jahre älter sein als mein Vater, und vielleicht, wer weiß, würden sie heute gemeinsam im Café des Pflegeheims sitzen, wo sich mein Vater jeden Nachmittag mit seinen Freunden, die er dort gefunden hat, trifft.

•

Das ist alles, was ich erzählen kann. Jedenfalls im Moment, in diesem blühenden Frühling des Jahres 2020, bringe ich es nicht über mich, auch davon zu schreiben, dass es in dem religiösen Umfeld, in dem ich aufgewachsen bin, genug entfernte und auch weniger entfernte Bekannte gab, die mehr als deutlich verlauten ließen, dass Krankheiten eine Strafe von Gott seien.

In diesem Frühling 2020 habe ich Angst um meine Schwester, deren Körper Antikörper produziert, die nicht der Abwehr von Infekten dienen, sondern sich gegen körpereigene Zell- und Gewebestrukturen richten. Ich habe eine grundsätzliche Angst um sie, umso mehr noch, da sie auf einer Notfallstation arbeitet.

Und ich schäme mich ein wenig, weil ich festgestellt habe, dass ich in den vergangenen Tagen beim Joggen ein Seitenstechen bekam, das daher rührte, dass ich die Luft anhielt, wenn ich andere Menschen kreuzte.

Angst und Scham bringen uns nicht weiter. Es gibt im Moment ohnehin wenig, was uns weiterbringt, außer abzuwarten und sich Wissen anzueignen. Es war einer der wichtigsten Momente in meinem Leben, als ich bei Susan Sontag las, dass der Reflex, zu glauben, eine Krebserkrankung lasse sich allein dadurch in die Schranken weisen, dass man sie nicht in Sprache fasse, geradezu Symptom sei bei Angehörigen im Umgang mit Krebs.

Ich weiß seither ein bisschen genauer, warum ich nicht gut über gewisse Dinge sprechen kann, warum mein Inneres jedes Mal, wenn ich von einer Krebserkrankung aus meinem Umfeld erfahre, zu Beton erstarrt. Und ich glaube zu verstehen, warum ich nur fast weinen musste, aber nicht ganz weinen konnte, in jener Arztpraxis, an deren Wänden Plakate hingen, worauf Embryonen blühten.

Mit Wissen kontrollieren wir das Leben nicht, wir können Leben nicht kontrollieren. Aber wir können uns Begriffe aneignen, die den Ängsten einen Namen geben, die das Diffuse in eine Form fassen. Wir können diese Dinge aufschreiben, und wir können davon erzählen. Wir können anderen Menschen, guten Bekannten, Freunden von Freunden und Freundinnen sagen, was uns bedrückt, und das ist ein bisschen einfacher, wenn uns die passenden Wörter zur Verfügung stehen. Und ja, ich bin manchmal traurig, darüber, kein Kind zu haben, und nein, ich bin deswegen nicht unglücklich in meinem Leben.

Ich weiß, dass man in gewissen Momenten einfach nicht sprechen kann. Wir sind Menschen. Aber mittlerweile weiß ich auch, dass es Nähe schafft, Dinge auszusprechen, und dass keiner meiner guten Bekannten, kein Freund von Freunden und schon gar keine Freundin kommt und dumme Fragen stellt.

Das, was wir jetzt, im Frühjahr 2020, erleben, ist eine Stresssituation sondergleichen, und nichts fehlt uns mehr als die Nähe zu den Menschen. Social Distancing ist das Schlagwort, das uns verordnet wurde, aber der Begriff ist falsch. Wir gehen nicht auf Distanz zueinander, wir suchen gerade die Nähe der Mitmenschen, telefonieren, schreiben, laden überall Bilder hoch, um uns so nah wie möglich zu sein.

Physical Distancing wäre richtiger.

Doch als sprachliche Ausdrucksmöglichkeit für dieses entsetzliche Fehlen meiner Freundinnen drängt sich mir ein anderer Begriff auf: Social Freezing.

Das Leben ist erstarrt, und wir wissen nicht, wann und wie es weitergeht.

Auch wenn mir dieses Wort richtig scheint, passt es doch nicht. Es ist bereits besetzt. Social Freezing bezeichnet das vorsorgliche Einfrieren von unbefruchteten Eizellen, um Frauen eine dynamischere Lebensplanung zu ermöglichen. Ursprünglich wurde diese Methode für junge, an Krebs erkrankte Frauen entwickelt, denen man, bevor sie sich der Chemotherapie unterziehen mussten, unversehrte Eizellen entnommen hat.

Sienna Street 55

Wir hatten für die Reise nach Armenien eine Flugverbindung mit längerem Zwischenstopp in Warschau gewählt, weil sie günstiger zu haben war. Ich wusste bis dahin nicht viel mehr über Armenien, als dass die armenische Kirche ihren eigenen Papst hat, dass die Bagdadbahn nur gebaut werden konnte, weil unzählige Armenierinnen und Armenier Zwangsarbeit leisten mussten, und dass an der armenischen Bevölkerung Genozide verübt worden sind, etwa, indem man sie ohne jede Nahrung in die Wüste getrieben hat, mit der Absicht, sie verhungern zu lassen, auch Kinder.

In Warschau haben wir das Flughafengebäude verlassen und wollten die Zwischenzeit nutzen, um das ehemalige Ghetto zu besuchen. Wir haben die Gedenkstätte nicht gleich gefunden, weil wir vom Hauptbahnhof her zuerst die falsche Richtung eingeschlagen haben. Im Bahnhofsquartier blitzte alle Augenblicke ein Mercedesstern zwischen den gläsernen Hochhäusern und den breiten Prachtbauten aus Sowjetzeiten auf. Der Stern drehte sich immerzu im Kreis und schleuderte das Sonnenlicht weit über die Stadt.

Schließlich fanden wir die Adresse. Am Gebäude gegenüber prangte hoch oben ein riesiges, von Scheinwerfern umstelltes Plakat der Billigmodelinie Etam, worauf ein Model mit dem Slogan «The french liberté» für den Konzern warb.

Das ehemalige Warschauer Ghetto liegt an der Sienna Street 55 in einem ruhigen Hinterhof. Die Fast-Food-Imbissbude neben dem Eingang war an jenem Sonntag geschlossen. Auch das Gittertor war verriegelt. Im Innenhof spielten Kinder. Nach einer Weile bemerkte uns eines der Kleineren, blieb stehen und sprang dann davon, um kurz darauf in Begleitung eines Größeren zurückzukommen. Sie musterten uns, bevor sie den elektronischen Türöffner betätigten und uns nicht weiter beachteten.

Im Innern des Hofes fiel mir als Erstes das gerahmte Bild des Papstes auf, das in einer Wohnung im ersten Stock hing. Er schaute nach draußen, in den Innenhof, der von einer alten, etwa sieben Meter langen und drei Meter hohen Mauer umgeben war.

Es war der polnische Papst, und ich musste daran denken, wie langsam er in seinem Papamobil herumgefahren und wie sein einsamer Tod im Fernsehen übertragen worden war, in aller Öffentlichkeit.

Wenige Wochen vor dieser Reise war Claude Lanzmann gestorben. An seinem Dokumentarfilm «Shoah», worin Überlebende sowie Zeuginnen und Zeugen ihre Geschichte an historischen Schauplätzen erzählen, hatte er elf Jahre lang gearbeitet. Auch Menschen, die in der Umgebung von Vernichtungsorten lebten, sowie NS-Funktionäre und SS-Angehörige werden befragt.

Als ich «Shoah» zum ersten Mal sah, schaute ich mir den Film in seiner ganzen Länge an einem einzigen Tag an, als wäre es möglich, all die Geschehnisse in neun Stunden, und diese neun Stunden in einem einzigen Tag zu erfassen.

Am Ende des Filmes spricht ein Mann davon, wie er sich durch die Abwasserkanäle in das Warschauer Ghetto geschmuggelt und Botengänge erledigt hatte, hin und her. Und dann, als er von einem Botengang zurückkam, hatte er keinen einzigen Menschen mehr angetroffen. Er steht im Hinterhof und schildert, wie er schon einmal in diesem Hinterhof gestanden war, allein, und geglaubt hatte, dass er nun der letzte verbliebene Mensch auf der ganzen Welt sei, zurückgeblieben, weil er in den Untergründen unterwegs gewesen war, während alle anderen aus dem Ghetto abgeholt worden waren. Nur er war noch da.

Jener Mann konnte dem Ghetto und den Zeiten entkommen und wurde Jahre später, auf welchen Wegen auch immer, von Claude Lanzmann aufgespürt, dem er schließlich die Geschichte seiner Einsamkeit erzählt hat.

Wir standen lange vor dem Mauerrest im Innenhof der Nummer 55. Es war das Relikt der einstmals kilometerlangen Mauer des Warschauer Ghettos. An einer Stelle fehlte ein Stein. Eine Tafel ersetzte ihn. Darauf war zu lesen, dass die Amerikaner im Jahr 1989, nachdem die Berliner Mauer gefallen war, die Sowjetunion aber noch bestand, diesen Stein geholt und im Kriegsmuseum in Washington ausgestellt hatten.

Erst als wir den Innenhof verlassen, den Kindern ein Dankeschön zugewunken haben, ist uns das emaillierte Foto neben dem Gittertor, an der Außenmauer des Gebäudes, aufgefallen. Eine Gruppe bewaffneter Menschen ist darauf zu sehen, Jüdinnen und Juden des Warschauer Aufstandes vom 19. April 1943, denen es gelungen war, die deutschen Besatzer bis vor die Ghettomauern zurückzudrängen.

Diesmal fanden wir den Bahnhof mühelos – ein Gebäude, dessen Standort und Stellenwert sich innerhalb des zwanzigsten Jahrhunderts mehrmals verschoben und verändert hat.
    Wir haben Tickets für die Rückfahrt zum Flughafen gekauft, das Flugzeug bestiegen und sind wenige Stunden später in Jerewan gelandet.

Auf der Armenienreise las ich das «Buch des Flüsterns» von Varujan Vosganian. Ich las von Vertreibungen, Erschießungen, Seuchen und Hungertod, und ich las von jenem armenischen Jungen, dem man im Vertriebenenlager den Rücken wusch, ihm eine Botschaft auf die Haut schrieb und sie mit Dreck bedeckte. Man schickte ihn mit wenig Nahrung in die Stadt, wo die Nachricht gelesen und auf gleiche Weise beantwortet wurde. Dieser Junge überlebte seinen Kuriergang durch die Wüste, Sahag Şeitanian ist sein Name.

Lichtbilder

Staubpartikel tanzten im Lichtkegel. Dann wurde der Diaprojektor ausgeschaltet, sein Strahl blieb für kurze Zeit noch auf der Netzhaut eingeblendet. Der Projektor kühlte rauschend aus, das Saallicht wurde angezündet und Bewegung kam ins Publikum.

Jedes Mal, wenn jemand die Fernbedienung betätigte, schob im Innern des Projektors ein kleiner Balken das nächste Dia vor den Lichtstrahl. Zwischen zwei Bildern wurde die Leinwand für einen kurzen Moment hell. Die Dias waren in eine längliche Box eingereiht, und nachdem das letzte Bild gezeigt worden war, blieb die Leinwand ebenfalls erleuchtet.

Die Dias wurden aus Filmrollen entwickelt, die sich, wenn der Film voll war, mit lautem Surren von allein zurückspulten. Die volle Filmrolle nahm man aus dem Kameragehäuse, steckte sie in eine Hülse, kreuzte an, ob Fotos oder Dias entwickelt werden sollten, und sandte sie dem Fotofachgeschäft zu. Nach ein paar Tagen lag ein Umschlag oder eine längliche Box im Paketfach.

Zur Zeit dieser Diavorträge war ich noch klein und saß meist auf der vordersten Bank. Oft legte ich mich nach ein paar Bildern auf den Spannteppich und schaute zur Leinwand hoch, stützte mein Kinn auf den Fäusten ab. In der einen Faust hielt ich eine Münze, die immer wärmer wurde.

Es waren langsame Filmvorführungen, die ich in jenem Saal verfolgte. Jedes Bild wurde einzeln kommentiert, bevor die Fernbedienung betätigt wurde und das nächste Dia vor den Lichtstrahl fiel.

Auf der Leinwand erschienen überlebensgroße Menschen mit dunkler Haut, einzeln, in Gruppen, Erwachsene, Kinder, manche in traditionellen Baströcken, andere mit Speeren in den Händen oder Bemalungen im Gesicht. Neben ihnen, im Saal, stand der Missionar, der sie fotografiert hatte. Er war auf Urlaub im Heimatland, um der Gemeinschaft, die ihn ausgesandt hatte, von seiner Arbeit zu erzählen, einer Arbeit in einer anderen Zeitzone, in der Dunkelheit herrschte, wenn es bei uns hell war.

Ich lag auf dem Spannteppich und sog die Erzählungen der Missionare und ihre grobkörnigen Bilder aus einer fremden, weit entfernten Welt in mich auf. Es gab im Haus meiner Eltern weder Fernseher noch Radio, und bei diesen Vorträgen war mir, als würden die Fäden, die die Welt in ihrem Innersten zusammenhalten, in diesem kleinen, dunklen Raum zusammengezurrt. Zur gleichen Zeit, erfuhr ich Jahre später, verfolgten andere Kinder in meinem Alter den ersten Krieg, der im Fernsehen live übertragen worden war.

Die Missionare hatten die vollen Filmrollen an einem kühlen Ort aufbewahrt und sie auf ihren Heimaturlauben entwickeln lassen, damit sie der Gemeinschaft zeigen konnten, was sie mit den Spenden ausgerichtet hatten.

Im Hintergrund der Bilder sah man Rundhütten, die um einen Dorfplatz angeordnet waren, in Baumkronen hineingeflochtene Hochhäuser. Auch die Landschaft wurde gezeigt, und Tiere, Paradiesvögel, Schmetterlinge, Schlangen, Affen, Hühner und Schweine.

Die Missionare schilderten, wie die Einheimischen das Weihnachts- oder Osterfestessen zubereiteten. Man grub ein Loch in die Erde, legte glühende Steine hinein und bedeckte das Ganze mit Bananenblättern, bevor der Ofen mit Grünzeug, Reis, Süßkartoffeln und Schweinefleisch gefüllt und alles über Stunden gegart wurde. Dieses Gericht, berichteten sie, heiße Mumu und werde auch an heidnischen Festen zubereitet.

Auf wieder anderen Bildern konnte man Schulklassen sehen, Sonn- und Werktagsschule, lachende Knaben, die im sauberen Hemd ihren Lehrer umringten.

Einmal, bekannte ein Missionar in der Lichtpause zwischen zwei Dias, sei er als junger Mann im Kino gewesen, und er sei reuig. Es sei ein Werbespot für Coca-Cola geschaltet worden, in dem für einen winzigen Moment eine nackte Frau zu sehen gewesen war. Der Moment sei so kurz gewesen, dass das Bild nur für das Unterbewusstsein ein Anreiz, für das menschliche Auge aber eigentlich nicht sichtbar gewesen sei. Und obschon ein Film pro Sekunde vierundzwanzig Bilder zeige, habe er die nackte Frau gesehen.

Die Frauen auf den Bildern trugen selten traditionelle Kleidung. Sie trugen T-Shirts und Röcke, die bei Sammelaktionen der Gemeinschaft zusammengekommen waren, einmal erkannte eine Frau im Saal ihren eigenen Rock wieder.

Sie hatten Kinder auf den Rücken gebunden und transportierten Wasserkrüge auf dem Kopf. Den Kindern gaben sie die Brust, bis sie fünf Jahre alt waren, so hätten die Frauen immer Nahrung dabei, erzählten die Missionare.

Auf manchen Bildern waren auch Kinder mit runden Bäuchen zu sehen, weniger vom Hunger als vom hohlen Kreuz, und auf anderen sah man die Krankenstation, man sah große, helle Wunden, und einmal, das konnte ich lange nicht vergessen, einen abgehackten Fuß.

Es gab nur sehr wenige Dias, worauf ein Weißer abgebildet war, und ich kann mich nicht daran erinnern, dass erwähnt worden wäre, ein Einheimischer habe einen Missionar fotografiert.

Ein Missionar erzählte, viele Menschen dort würden sich vor dem Fotoapparat fürchten, weil sie glaubten, der Apparat entführe die Seele. Umso mehr gelte es, ihnen die frohe Botschaft zu bringen, sie von Rachemorden zwischen den verschiedenen Stämmen genauso zu erlösen wie vom Geisterglauben.

Mir leuchtete das alles ein. Genauso wie mir einleuchtete, was man über Fußball gesagt hatte, als an der Weltmeisterschaft 1994 der kolumbianische Sportler Andrés Escobar erschossen wurde, dessen Mannschaft wegen seines Eigentores ausgeschieden war. Es war im gleichen Turnier, als zwei gegnerische Fußballteams ein schwarzes Trikot tragen wollten. Das Los entschied, und damit war klar, wer die Partie gewinnen würde. Die dunkle Macht, schärfte man mir ein, habe hier auf außergewöhnlich deutliche Weise ihre Finger mit im Spiel gehabt.

•

Im Rückblick sind sich die Dias alle ähnlich. Hunderte von Bildern habe ich von unten gesehen, auf dem Bauch liegend, aus der gleichen Position, wie ich auch an den Familiennachmittagen in der Wohnstube Dias anschaute, für die mein Vater den Selbstauslöser eingestellt hatte, und dann schnell ins Bild gerannt war: Fotos vom Urlaub in den Schweizer Bergen, Fotos von der Arbeit in Apfelplantagen und Erdbeerbeeten.

Die Mission, von der mir als Kind berichtet wurde, war zu einer Zeit entstanden, als der Kolonialismus der Entwicklungshilfe das Feld zu weiten Teilen bereits überlassen hatte. Ich erfuhr erst viel später, dass Missionare mit Kolonialisten in die Welt gezogen waren, die einen als Gewürzhändler, die anderen als Salz der Erde. Ich hörte erst später von kolonialer Ausbeutung, Unterwerfung und Zerstörung, zu der Missionare beigetragen hatten, von den

Krankheiten, die sie überall auf der Welt einschleppten und die für unzählige Indigene den Tod bedeuteten. Und noch später las ich, dass Kolonialisten, im Gegensatz zu den Missionaren, die sich meist ganz aus dem Bild gestohlen hatten, sich dabei malen und fotografieren ließen, wie sie von Indigenen durch exotische Gegenden getragen wurden, mit seitwärts abgewandtem Blick.

Walter Benjamin schreibt, dass die Fotografie in ihren Anfängen als Gotteslästerung gegolten habe, und dass man es nicht gewagt habe, Porträts von Menschen, die mittels Daguerreotypie abgebildet worden waren, in die Augen zu schauen, weil man fürchtete, die Porträtierten könnten einen ihrerseits sehen.

•

Am Ende des Diavortrages, wenn der Projektor ausgeschaltet und das Saallicht angezündet war, stellte sich der Missionar an den Ausgang und verabschiedete sich von allen Mitgliedern der Gemeinschaft mit einem Händedruck. Er stand neben dem Opferstock, einem kleinen Sockel, auf dem ein dunkelhäutiger Junge kniete, der lange nickte, wenn man eine Spende in den Schlitz in seinem Nacken schob. Meine Münze warf ich dort hinein.

Im Internet ist bis heute zu lesen, dass aufgrund der «zunehmenden Gleichberechtigung der Völker und der Achtung der Christen vor den Lebensformen und religiösen Traditionen andernorts» diese «Kässeli» zum Verschwinden gebracht worden seien. Um dieses Zeugnis der «europäisch-christlichen Kultur» erneut zu beleben, werden sie heute wieder hergestellt, «in Europa, in Handarbeit und originalgetreu».

Was fehlt

Wissenschaftler:innen haben entdeckt, dass nach einer Geburt Zellen des Kindes im Körper der Mutter zurückbleiben und dort jahrzehntelang nachweisbar sind. Im Blut, aber auch im Gehirn der Mutter finden sich Zellen ihres Babys, und es stellt sich die Frage, ob dieses Erbgut die Gesundheit der Mutter beeinflusst oder gar Veränderungen in ihrem Gehirn verursacht.

Eigensinnige Fragen, die jeglicher wissenschaftlichen Haltbarkeit entgegenstehen, tauchen auf: Wenn nun in einer Mutter etwas von ihrem Kind zurückbleibt, und in der Mutter dieser Mutter wiederum ein Teil von ihr zurückgeblieben ist, und immer so fort: Steckt dann auch in der Großmutter und der Urgroßmutter etwas von diesem Kind?

Natürlich nicht. Und doch: Ist nicht in jedem Menschen etwas angelegt, was auch zukünftige Generationen betrifft? Reicht nicht Generation um Generation ihr Erbe an die Nachkommenden weiter, sodass ein Mensch sich über diese Linie nicht nur in die Zukunft, sondern auch in seine eigene Vergangenheit begeben kann?
 Sodass ein jeder Mensch weitaus mehr wäre als jene lebendige Brücke von 250 Jahren mündlich überlieferter Erinnerung, wie es Dietrich Bonhoeffer aus der Gefangenschaft heraus in einem Brief an sein neugeborenes Patenkind geschrieben hat.
 Sodass es uns möglich wäre, auf eben dieser Brücke in der Zeit nicht nur voranzuschreiten, sondern sich auch in umgekehrter Richtung zu bewegen.
 Sodass man, als spielte man mit einer Babuschka, frei entscheiden könnte, ob die lange Reihe immer kleiner werdender Holzpuppen in Richtung Zukunft oder in Richtung Vergangenheit angeordnet werden sollte.

Ich habe kein Kind, das durch mich hindurch in meine und also auch seine Vergangenheit eintreten könnte. Ich habe kein Kind, das ich an der Hand nehmen und mit dem zusammen ich die letzten Ruhestätten meiner Großmütter aufsuchen könnte. Wir können unsere Vorfahrinnen nicht zusammen befragen, nicht unsere gemeinsame Vergangenheit aufleben lassen, nicht miteinander in die Zeit treten.

Ich kann meine Erinnerungen und Erfahrungen nicht an dieses Kind weiterreichen, und ich kann auch nicht mit ihm zusammen über meine eigene Zeit hinaus in die Zukunft blicken.

Ich habe kein Kind, das vor mir, also vor seiner eigenen Zeit, sterben könnte, und so brauche ich auch keine Angst zu haben um ein Kind, das es nicht gibt.

Diese Angst um ein geliebtes Leben, die Angst um ein Kind, schreibt Kerstin Preiwuß, tritt erst gemeinsam mit dem Kind ins Leben. Aber, richtet Preiwuß die Rückfrage an sich selbst, «vielleicht liegt es daran, dass ich das erste Kind verloren habe».

Nur wenige Seiten später stellt sie fest, dass diese Angst viel weiter zurückreicht, und überschreibt ihre Vermutung: «Die Angst kommt also von meinem Vater», ein Vater, der vor seiner Zeit gestorben ist.

Schließlich wendet Kerstin Preiwuß sich an Simone Weil. Und derweil dasselbe Buch zur selben Zeit auch neben meinem Bett liegt und ich diese Lektüre nun fortsetze, setzt bei mir eine Angst ein, um meinen eigenen kranken Vater. Und weil Papier nicht handelt, lege ich das Buch zur Seite und mache mich auf, meinen Vater zu besuchen, solange er noch lebt.

Mein Vater erzählt mir oft von früher, von seinem eigenen jung verstorbenen Vater, wie er aufgebahrt im unteren Zimmer lag, und wie er ihn ein Leben lang vermisst hat, obschon er nur vier Jahre Zeit hatte, ihn kennenzulernen. Großvaters Grab ist längst aufgehoben.

Und auch die Mutter meines Vaters erzählte mir oft von früher, vom Vater meines Vaters, und auch vom tiefen Brunnen, der einmal hinter dem Haus gegraben worden war, wo später ein Nussbaum stand und wo heute nichts mehr ist.

Es ist nicht so, dass ich mir kein Kind gewünscht hätte. Ich träume oft von diesem Kind, das ich nie hatte, wir unterhalten uns in einem glasklaren Ton, der viel zu vernünftig ist für das Alter des Kindes, und ich rede mir ein, dass es diese präzise Sprache, die es nutzt, von mir hat, und die Augen auch.

Über Einbildungen dieser Art schreibt Sheila Heti in ihrem Buch «Motherhood», worin sie darüber nachdenkt, ob sie, gerade vierzig geworden, überhaupt noch ein Kind haben wolle. «How assaulted I feel when I hear that a person has had three children, four, five, more … (…) an arrogant spreading of those selves. Yet perhaps I am not so different from such people – spreading myself over so many pages, with my dream of my pages spreading over the world. My religious cousin, who is the same age as I am, she has six kids. And I have six books.»

Die Gründe dafür, dass ich kein Kind habe, sind vielfältig. Ein Grund liegt darin, dass ich zu spät erst und nur über Umwege davon erfahren habe, dass auch meine Mütter und Vormütter vor der Zeit aufgehört haben, fruchtbar zu sein; dass es in meiner Familie eine Tradition des Stillschweigens über den weiblichen Körper gibt, die weitergereicht wurde von Generation zu Generation.

Ich bin nie schwanger gewesen. Und nur ein einziges Mal, in einem Urlaub, könnte es doch so gewesen sein; es könnte gewesen sein, dass ich ein Kind verloren habe, ein einziges Mal habe ich mich vor Schmerzen gekrümmt, an einem Ort, der unpassender nicht hätte sein können. Bei Jerewan, in Zizernakaberd, der Gedenkstätte zum Völkermord an den Armenier:innen, habe ich neben der breiten Treppe Schutz vor der brennenden Sonne gesucht, mich in eine Ecke gekauert, inmitten all der Bilder von Vertreibung, Krieg und Tod, und erst nach Stunden konnte ich mich wieder aufrichten, die Kleider voller Blut.

Es war das einzige Mal in meinem Leben, dass ich solche Schmerzen hatte, dass ich so viel Blut verloren hatte, und ich glaubte mich zu erinnern, bei Emilie Pine gelesen zu haben, wie es ihr nach einer Fehlgeburt beinah unmöglich geworden war, sich selbst als richtige Frau zu betrachten angesichts dessen, dass andere Frauen in aller Regelmäßigkeit so viel stärker bluteten als sie selbst.

Ich habe nie versucht herauszufinden, ob ich damals tatsächlich ein Kind verloren habe. Aber ich weiß noch, wie der Schmerz sich endlich, nach Stunden, auflöste, sich lichtete wie Nebel, als wäre er nie da gewesen, und wie er, kaum verflogen, mir fehlte, als wäre da etwas Wesentliches gewesen, als hätte der Schmerz mich vervollständigt.

Nach einer Fehlgeburt, so haben die eingangs erwähnten Wissenschaftler:innen festgestellt, finden sich sogar mehr Zellen eines Kindes im Körper der Mutter als nach einer Schwangerschaft.

Es gibt für dieses Kind, das ich nie hatte, keinen Ort, wo ich um es trauern kann, kein Grab, das nach einer Weile aufgehoben und für die nächste Generation freigegeben wird, keinen Baum, den man fällen, keine Holzpuppen, die man, um Platz zu schaffen, ineinander verschwinden lassen kann.

Ich habe kein Kind, das irgendetwas von mir in diese Welt hinaus und in die Zukunft hineintragen würde, es gibt dieses Kind nicht, es fehlt.

Noch einmal, bevor die letzte Ruhestätte meiner Großmutter verweht sein wird, will ich sie aufsuchen, mich an sie erinnern, wie sie von ihrem Mann, dem Vater meines Vaters, erzählt, der heftig erkrankt und viel zu bald stirbt, wie dieser Schmerz sie ihr Lebtag begleitet, und wie sie das Kind, das ein halbes Jahr später zur Welt kommt, den Bruder meines Vaters, nach meinem Großvater benennt.

Und noch einmal wende ich mich Kerstin Preiwuß zu, die ihrerseits den Zeitläuften trotzt und einen Brief an Simone Weil schreibt, ihre Befragung in die Vergangenheit richtet: «Also frage ich dich, weil du den Mangel als Erfahrung verstehst. (…) Wo ist der Kippmoment, ab dem aus Mangel Fülle entsteht? Was ist Trost, wenn nicht, ein Missverhältnis zwischen den Bedürfnissen und den Gegebenheiten zu empfinden und der Sehnsucht eine Richtung zu geben?»

Meine Sehnsucht hat eine Richtung. Dieses Kind, das ich nie haben werde, ist in meinen Texten nachweisbar, es hat mein Denken beeinflusst, sich längst seinen Platz ausgesucht. Dort sitzt es, es bleibt immer gleich alt, und es liest mit, wie ich Kerstin Preiwuß' Brief an Simone Weil zu Ende lese: «Sich dazuerfinden, was es braucht, um den Mangel auszuhalten. Da fehlt etwas, aber es gibt auch eine Möglichkeit, die ich mir vorstellen kann, ich kann mir ausdenken, was fehlt.»

Außer Reichweite

Die Tochter meiner Schwester kann seit Mitte März gehen. Als sie letzten Herbst gerade gelernt hatte, zu krabbeln, schloss sie Freundschaft mit einem gleichaltrigen Jungen, der sich vorwärtsbewegte, indem er beide Beine geradeaus streckte und sich mit den Händen am Boden abstieß. Meine Nichte hat diese Fortbewegungsweise sofort adaptiert. Und als ihr Freund im Februar plötzlich gehen konnte, hat sie sich in kurzer Zeit den aufrechten Gang beigebracht, bevor im Frühjahr 2020 alles stillgelegt wurde. Ich schaute mir das Video dieser wackeligen Schritte wieder und wieder an.

Ihre ersten Schritte setzte meine Nichte in eine Zeit, in der man versucht war, allem eine außerordentliche Bedeutung zuzuschreiben. Als mir das Video zugespielt wurde, war ich in ein Buch von Georges Didi-Huberman vertieft, in dem er schreibt: «Für den Künstler scheint sich hier eine Aufgabe abzuzeichnen: der unmittelbaren Aktualität des historisch Realen auf anachronistische Weise Gedächtnisbilder entgegenzusetzen.» Ich war durchaus einverstanden, aber ratlos, umso mehr, als ich weiterlas: «Für diese Gedächtnisarbeit müssen (…) ohne Unterlass radikal neue Möglichkeiten erforscht, das heißt neue *Formen* gefunden werden.»

Die Ratlosigkeit schlug um in Alarm, zumal mich in der Zwischenzeit verschiedene Anfragen für Texte erreicht hatten, in denen ich dem Stillstand mit Worten beikommen sollte. Ich griff nach den Büchern, las mich fest, verlor mich. Als ich aufschaute, war es dunkel, und ich saß noch immer in meiner Wohnung, die ich seit Tagen nicht verlassen hatte.

Ich hatte also nicht nur nichts erlebt, ich hatte auch nichts zu sagen, was über das Anekdotische hinausging. In den letzten Monaten hatte ich viel über literarische Formen nachgedacht und mich mit Freundinnen darüber unterhalten, wie sich Erlebtes und

Angelesenes in Schichten übereinanderlegt und zu einem Neuen fügt. Der Gedanke, meinen inhaltslos gewordenen Alltag sprachlich zu überarbeiten und ihm außerdem Erkenntnisse für eine Zukunft, die ihrerseits äußerst schemenhaft daherkam, abzugewinnen, schien mir schlichtweg absurd.

Ein sehr freundlicher Mensch hatte mir einen schmalen Band mit Olga Tokarczuks «Vorlesung zur Verleihung des Nobelpreises für Literatur» in den Briefkasten gelegt. «Unser heutiges Problem scheint darin zu bestehen, dass wir nicht nur für die Zukunft, sondern auch für das ganz konkrete ‹Jetzt›, für die rasend schnellen Veränderungen der Welt, noch keine passenden Erzählformen haben. Es fehlt uns die Sprache, es fehlen Sichtweisen, Metaphern, Mythen und neue Märchen. (…) Es mangelt uns an neuen Methoden, von der Welt zu erzählen.»

Ich sah mich bestätigt und war überfordert.

Tokarczuk fährt fort, sie sei der Überzeugung, dass bald ein Genie auftauchen werde, «das eine völlig andere, jetzt noch unvorstellbare, alles Wesentliche umfassende Erzählweise konstruiert. Ein solches Erzählen wird gewiss etwas in uns bewirken, sodass wir die alten, einengenden Perspektiven verwerfen und uns neuen Sichtweisen öffnen können – die schließlich schon immer existiert haben, nur dass wir blind für sie gewesen sind.»

Das verärgerte mich, und es schien mir auch nicht plausibel, dass ein einziges aus dem Nichts aufgetauchtes Genie die Literatur sollte retten können. Um mich abzulenken, schaltete ich mehrmals am Tag eine Livekamera ein, über die man Tag und Nacht den Horst eines Falkenweibchens hoch über der Stadt beobachten kann. Ich schrieb einen Text darüber, der vom Beobachten und Beobachtetwerden handelt, und während ich an diesem Text schrieb, kam ein Fernsehteam zu mir nach Hause. Als der Beitrag einige Wochen später ausgestrahlt wurde, klingelten am nächsten Tag ein paar Nachbarskinder an der Tür; sie hatten mein Buch unter dem Arm und wollten eine Unterschrift. Für diese Kinder immerhin war ich eine richtige Schriftstellerin, allein deswegen, weil ich im Fernsehen gekommen war.

Aber weil mich der Bildschirm ermüdete, schaltete ich auch die Falkenkamera immer seltener ein. Stattdessen las ich mich in J. A. Bakers tagebuchartigem Bericht «Der Wanderfalke» fest, diesen ungeheuerlich gewissenhaften Schilderungen seiner täglichen Beobachtungen eines einzigen Falken. Jahrzehntelang hat Baker den Himmel nach diesem Vogel abgesucht, ist ihm hinterhergeradelt, hinterhergerannt, über Zäune hinterhergeklettert. Wie es ihm gelingt, diese sich immer wieder wiederholenden Ereignisse in immer neuer Weise zu erzählen, erschien mir wahrhaftiger als der Bildschirm, der jede einzelne Bewegung des Falkenweibchens in Echtzeit bei mir zu Hause ablieferte.

Im virtuellen Raum waren mittlerweile neue Kunstformen entstanden. Etwas daran machte mich misstrauisch, aber auch meinem Misstrauen stand ich mit Argwohn gegenüber.

Mit neuem Blick las ich einmal mehr Walter Benjamins Überlegungen zum «Kunstwerk im Zeitalter seiner technischen Reproduzierbarkeit». Natürlich war ich versucht, mein Unbehagen gegenüber der in dieser Zeit virtuell entstandenen Kunstgemeinschaft mit diesem Text zu rechtfertigen: dass die Echtheit eines originalen Artefaktes unabdingbar mit dem Hier und Jetzt verbunden sei. Die Reproduktion verletze diese Echtheit und lasse die Aura verkümmern. Als Walter Benjamin diesen Text verfasste, war der Film gerade erst dabei, als neues Medium die Sinneswahrnehmung des menschlichen Kollektivs zu verwandeln, und Benjamin übertrug seine Überlegungen auf die Filmschauspielerin, der die Möglichkeit verwehrt bleibt, ihr Spiel während der Darbietung dem Publikum anzupassen, auf Stimmungen im Raum zu reagieren.

Ich war konsterniert, als ich mich fünf Minuten nach meiner ersten Livestream-Lesung in der Küche wiederfand, allein, beim Karottenschälen.

Olga Tokarczuk berichtet, wie ihre Mutter wiederholt beteuert habe, dass sie sie, ihre Tochter, schon vermisst habe, noch bevor sie auf der Welt gewesen sei. Man könne nicht nur Verlorenes vermissen, sondern auch etwas, was noch gar nicht da sei, was bedeute, «dieser Jemand ist schon da».

Jetzt war es aber andersherum: Nicht nur mir fehlte das Gewohnte, der Alltag, den ich mir nach meinen Vorlieben eingerichtet hatte. Und noch hatte zumindest ich kein Mittel gefunden, meiner Unzufriedenheit über das Fehlende etwas entgegenzusetzen, geschweige denn, dies in eine literarische Form zu bringen.

Mir fehlte, was einmal da gewesen war, was unvermittelt weggebrochen war, auf unbestimmte Zeit. Aber das Fehlende regte sich, lebte, schmerzte, und alle herkömmlichen Methoden, das Leiden zu lindern, waren vergeblich.

Um Phantomschmerzen medizinisch zu behandeln, kann eine Prothese angesetzt werden mit dem Ziel, jene Regionen im Gehirn, die durch den Verlust umstrukturiert wurden, zu reaktivieren. Bei der Spiegelmethode sieht die Patientin das gesunde Glied im Spiegel, sodass ihr Hirn glaubt, das amputierte Glied sei wieder da. Ganz ähnlich reagiert das Hirn in der Virtual-Reality-Therapie auf virtuell erzeugte Körperteile. Phantomschmerzen können auch mit Medikamenten behandelt werden, und zwar mit denselben Medikamenten, die man verabreicht, wenn kein Glied amputiert ist.

Den Texten, die mir in der Zwischenzeit in die Hände gekommen waren, war gemeinsam, dass sie keine Antworten geben. Olivia

Wenzel stellte Fragen, die einen kaleidoskopischen Blick auf rassistische Denkstrukturen werfen. In einem erhellenden Kommentar zur Gegenwart schrieb Mely Kiyak, dass sie erst mal damit beschäftigt sei, Gesehenes zu sammeln und zu sortieren, und keine Meinung parat habe, und Levin Westermann gestand, dass er zu den allermeisten Themen überhaupt nichts Literarisches zu sagen habe.

Und J. A. Baker hatte seinen Falken aus den Augen gelassen, um sich einem Waldmäuserich zuzuwenden, «der auf einer Grasböschung fraß». Baker beugte sich über das kleine Wesen und berührte es sanft, ohne dass es ihn bemerkt hätte. «Ich war für ihn wie eine Galaxie, zu groß, als dass er mich hätte sehen können.» Er legte dem Waldmäuserich eine Eichel hin. «Er trug sie im Schnäuzchen die Böschung hinauf, blieb stehen, setzte sie gegen seine Zähne und drehte sie dann in den Pfoten wie ein Schöpfer seine Scheibe.»

Ich begann, genauer hinzuhören bei diesem vielstimmigen Chor, der durch die virtuellen Täler hallte. Vereinzelte Fugensoli wechselten sich ab mit einem Refrain kollektiver Erfahrung und begannen, zueinander in Beziehung zu treten, «das Bruchstückhafte», um erneut mit Olga Tokarczuk zu sprechen, wurde vertrauenswürdig, weil die «Fragmente zusammengenommen Konstellationen (bilden), die mehr beschreiben, in komplexerer Weise, multidimensional». Es waren dieselben Erlebnisse, die besungen und beklagt wurden, die ich auch machte: Versuche, diesem ungewohnten neuen Nichts Bedeutung abzutrotzen, Gedanken, Zitate, Erinnerungen als Segmente abzulagern. Nach und nach verlor das Schreiben seinen Schrecken wieder, es war nicht mehr länger etwas, was Genies vorbehalten war. Vielmehr war es wieder, was es zuvor gewesen war: ein Umgang mit den wenigen Dingen, von denen ich glaube, etwas darüber zu sagen zu haben.

Und auch darüber hinaus begannen sich die Relationen wieder einzurenken. Ein Kind lernt gehen, ohne viel darüber nachzudenken, einfach nur, indem es andere Kinder nachahmt. Das ist, in den meisten Fällen, der Lauf der Dinge.

Schnelle Autos

Eine Schnellstraße schneidet das Dorf meiner Kindheit mitten entzwei. Es liegt in einer weiten Niemandslandschaft, über die sich ein amerikanischer Himmel spannt. So hat es Monika Helfer einmal beschrieben.

Wie die meisten Familien wohnten auch wir in einem alten Bauernhaus. Heute stehen im Dorf viele dieser amerikanischen Häuser ohne Keller, mit einem überdachten Parkplatz, und in der Dorfbeiz hat man einen Wild West Saloon eingerichtet.

Innerorts gab es auf einer kurzen Strecke ein Tempolimit. Aber auf der Höhe unseres Hauses war bereits die Tafel sichtbar, die es wieder aufhob, Motoren heulten auf, und in der Nacht rasten die Autos ungebremst durchs Dorf.

Auch tagsüber fuhren sie zu schnell. Deshalb installierte sich die Polizei zuweilen in der kleinen Einfahrt vor unserem Haus, zwischen den belaubten Bäumen und dem Fliederbusch, baute die Radarkamera auf und wartete, bis die ersten Autofahrer in die Falle gingen.

Ich schaute vom Stubenfenster aus zu, sah die Polizisten im Auto sitzen, stundenlang. Einmal wurde eine ältere Frau geblitzt. Sie sei ganz sicher nicht absichtlich zu schnell gefahren, beteuerte sie den Polizisten gegenüber, die sich nachsichtig zeigten und ihr die Geschwindigkeitsbuße erließen.

Wir hatten keinen Fernseher und auch nicht viele Hausaufgaben, dafür einen alten Fotoapparat, den mein Vater nicht mehr benutzte. Es war kein Film darin, aber die Batterie noch nicht leer, und als es Herbst wurde und früh dunkel, legten mein Bruder und ich uns unter den kahl gewordenen Bäumen auf die Lauer. Wir hielten uns an keine Spielregeln und blitzten wahllos jedes Auto, das vorbeifuhr, selbst dann, wenn die Autos schön langsam fuhren, und selbst dann, wenn sie umkehrten und zurückfuhren, noch langsamer als zuvor. Erst als ein Auto beim dritten Mal den

Blinker setzte und wir sahen, wie jemand ausstieg, hörten, wie die Autotür zuknallte, rannten wir davon und versteckten uns im Keller.

Der Herbst war bald vorbei und es wurde uns zu kalt, um auf dem Erdboden auf der Lauer zu liegen, und ein Jahr später hörte ich lieber Musik. Ich hatte mir nicht nur die Spitzen meiner Zöpfe mit einer stumpfen Schere selbst abgeschnitten, sondern auch zum ersten Mal eine CD gekauft. Es war eine CD von Tracy Chapman, über die in der Schule jemand gesprochen hatte. Chapmans tiefe, warme Stimme, meist nur von einer Gitarre begleitet, brannte sich mir ein, auch wenn ich die englischen Texte damals kaum verstand.

Ich verstand einzelne Wörter, «I belonged», «be someone», und bei einem anderen Lied ging es um die Polizei. Auf Englisch klang dieses Wort viel sanfter als auf Deutsch, beinah liebevoll, wenn Tracy Chapman über «the police» sang.

Ob ich denn verstehe, was da gesungen werde, fragte meine Großmutter, und als ich den Kopf schüttelte, wollte sie wissen, ob der Junge, der auf dem Cover abgebildet sei, der gleiche Junge sei, der auch die Lieder singe. Sie schaute skeptisch von meinen Zopfstummeln zum Cover, als ich antwortete, das ist eine Frau, sie hat kurze Haare.

So viel wusste ich. Auch wenn ich sonst kaum etwas über Musik wusste, so wenig, dass meine Schulfreundin mir eines Tages sagte, dass sie ihre Pausen lieber mit den anderen verbringen wolle, mit denen sie über Musik sprechen könne.

•

Fünfunddreißig Jahre später covert der weiße Countrysänger Luke Combs das Lied «Fast Car» von Tracy Chapman und gewinnt damit in Nashville die Country Music Awards in den

Kategorien Song des Jahres und Single des Jahres. Es ist das erste Mal in der fast sechzigjährigen Geschichte dieses Wettbewerbes, dass ein Song ausgezeichnet wird, der von einer Schwarzen Person geschrieben worden ist. Ein paar Wochen später performen Tracy Chapman und Luke Combs das Lied gemeinsam bei den Grammys.

Der Saal tost, und zwischen all den Menschen, die an ihren Tischchen sitzen, steht allein eine weiße junge Frau im weißen Kleid. Immer wieder werden die Scheinwerfer und Kameras auf diese Sängerin gerichtet, die am selben Abend für ihre Musik und ihre an kulturhistorischen und popkulturellen Reminiszenzen reichen Songtexte vielfach ausgezeichnet wird. Sie singt mit, sie kann den Text auswendig.

> You got a fast car
> I want a ticket to anywhere
> (…)
> Any place is better
> Starting from zero got nothing to lose
> Maybe we'll make something
> Me, myself, I got nothing to prove

•

Das Video dieses Auftritts war schon ein paar Wochen viral gegangen, als ich es mir auch anschaute.

Ich sah, dass Tracy Chapmans Haare lang geworden waren, und wie sie vor Freude lacht, als das überraschte Publikum in Jubel ausbricht. Ich sah, wie die beiden miteinander dieses Lied sangen, als säßen sie zusammen in diesem schnellen Auto und führen immer schneller und schneller, in voller Absicht, ohne jedes Limit.

Und ich sah, wie der Countrysänger sich immer wieder zu Tracy Chapman wendet, wie um sich zu versichern, dass er es gut macht. Dass er ihre Musik verstanden hat. Oder, wie die «New York Times» schrieb, wie um sich zu versichern, dass sie wirklich neben ihm steht.

> So I remember when we were driving, driving in your car
> Speed so fast it felt like I was drunk
> (…)
> And I-I had a feeling that I belonged
> I-I had a feeling I could be someone, be someone, be someone

Ich schaute mir das Video wieder und wieder an. Sah die Frau, deren tiefe Stimme einen Grundton in mein Leben gelegt hatte, und den viel jüngeren Mann, der wirkte, als wäre er selbst auch in einem Nest aufgewachsen, dessen Zentrum ein Saloon war.

Ich hörte das Lied ohne Video, hörte diese Stimme, deren Timbre mich an die alten Häuser im Dorf erinnerte, an die Obstbäume und die von endlosen Straßen durchzogenen Ebenen, wo Autos von Weitem zu sehen waren, lange, bevor man sie hörte.

Und jetzt verstand ich auch den Text. Ich begriff jedes Mal ein bisschen besser, dass es nicht um schnelle Autos ging. Sondern darum, einfach nur wegzukommen, so schnell wie möglich.

> You got a fast car
> Is it fast enough so we can fly away?

Und dann hörte ich mir, zum ersten Mal nach langer Zeit, die ganze CD an, auch «Behind The Wall», das Polizeilied, das Tracy Chapman a cappella singt.

Ich musste an unser harmloses Polizeispiel denken, an die alte Frau, der man die Buße erlassen hatte, und an unsere Kindheit auf dem Land, an unsere behütete, abgeschottete Welt, zu der auch der alte Fotoapparat gehörte, der laut klickte, wenn wir einen Blitz auslösten, um die Autofahrer zu verschrecken.

Viel rascher als bei «Fast Car» begriff ich bei «Behind The Wall», dass ich dieses Lied als Kind ganz gründlich missverstanden hatte. Was für mich zart und liebevoll geklungen hatte, war eine verletzliche Stimme, nackt kam sie mir jetzt vor, ganz ohne Gitarre. Aber die Worte benennen deutlich und klar den Schnitt, der bis heute die amerikanische Gesellschaft durchtrennt.

Auch wenn mir klar war, dass die Polizei keineswegs nur in Amerika nicht für alle die gleiche Bedeutung hat, verstand ich es ein bisschen genauer. Ich sah Luke Combs vor mir, wie er bei den Grammys jede Regung in Tracy Chapmans Gesicht beobachtet, und musste darüber nachdenken, was gewesen wäre, wenn er nicht «Fast Car», sondern «Behind The Wall» gecovert hätte.

Ich weiß es nicht.

> Last night I heard the screaming
> Loud voices behind the wall
> (…)
> The police always come late
> If they come at all

•

Ich hatte mir, nachdem ich das Dorf verlassen hatte, als Erstes die Haare kurz geschnitten, und es hat lange gedauert, bis ich wieder an diesen Ort zurückgekehrt bin. Ein Zuhause hatte ich anderswo gefunden, in Büchern, in Bildern, und ein wenig auch in der Musik.

Heute klingt es für mich wie ein melancholisches, leiser werdendes Echo, wenn ich mich daran erinnere, dass ich die Musik von Tracy Chapman nur deswegen hören durfte, weil sie außer Stimme und Gitarre keine weiteren Instrumente verwendete.

•

Und als ich schon beinahe glaubte, «Fast Car» verstanden zu haben, verstanden zu haben, warum mir dieses Lied so ans Herz ging, hörte ich noch etwas anderes heraus. Die mir so vertraute Stimme erzählt nicht nur vom schnellen Auto. Sie erzählt auch von einem Vater mit Alkoholproblemen, von einer Mutter, die das Weite sucht, und davon, dass sich jemand um den Vater kümmern musste, «and that's what I did». Sie erzählt von Hoffnungen und bescheidenen Plänen – ich hab ein wenig Geld, du ein Auto – und vom neuen Job, der zum Leben nicht reicht. Und nur leise, in Andeutungen, wird erzählt, wie sich diese Geschichte schon sehr rasch wiederholt, «you stay out drinking late at the bar».

Ich hörte, dass die Stimme auch von meinem Auto sang. Ein Auto, das ich gekauft hatte, zusammen mit jemandem, um aus diesem Dorf hinauszukommen, ohne jede Rücksicht auf Geschwindigkeitsbeschränkungen, und das dann doch nur selten auf dem Parkplatz stand, wenn ich von der Spätschicht nach Hause kam. Ein Auto, in dem ich Tracy Chapmans Musik oft gehört habe, auch, als ich aus dem Dorf hinausgefahren bin, in voller Lautstärke, in der Hoffnung, dass man sie hörte, so lange, wie auch das Auto zu sehen war.

Von Hirschen

(20/21)

Während es mir früher meist gelungen ist, mich von abendfüllenden Diashows über Fernreisen von Bekannten fernzuhalten, halte ich heute selbst im Urlaub das Telefon in der Hand und scrolle mich durch Apps, die derlei Fotoabende ersetzt haben.

Dabei möchte ich nichts als lesen, Filme schauen, schlafen, in die Natur gehen und an keinerlei gesellschaftlichen Anlässen teilnehmen.

Weihnachten und die Altjahrswoche haben wir in den vergangenen Jahren in den Bergen verbracht, in einer kleinen Kellerwohnung, zu der ein langer, kalter Gang führt. Diese Wohnung ist der Zugang zu einem Obstgarten, der direkt am Hang gelegen und vor Blicken geschützt ist.

Im Dezember 2020 lag besonders viel Schnee. Wenn wir nicht lasen, unternahmen wir lange Wanderungen, über Waldpfade, vorbei an weiß bespannten Feldern, in die Hufspuren gestickt waren, die auf die nächtlichen Sammelplätze zuliefen.

Mazzina, die seit vielen Jahrzehnten in der Dachwohnung dieses Hauses lebt, erzählte uns, dass die Hirsche wegen des Schnees so weit herunter und bis ins Dorf kamen.

Sie wissen genau, wann Schonzeit ist, sagte sie, kurz vor der Jagdsaison ziehen sie in den nahen Nationalpark. Aber jetzt kommen sie zu uns, Mazzina wies nach dem Obstgarten, in dessen unterer Ecke ein Kompost steht, Mandarinen und Orangen mögen sie sehr gern, Äpfel und Karotten sowieso.

Um die Festtage herum zeigte das Fernsehen die Sissi-Trilogie. Ich schaute mir an Heiligabend alle drei Filme hintereinander an, trank Wein und aß eine Menge Amaretti, die Spezialität des lokalen Zuckerbäckers.

Ich war zugegebenermaßen entzückt von Sissi, wie sie von ihrem Hirsch Xaver Abschied nimmt, um zur Verlobung der Schwester zu reisen.

Beim Herumstreunen im Wald begegnet sie Franzl, dem Verlobten ihrer Schwester, und begleitet ihn auf die Jagd. Wie er einen Hirsch ins Visier nimmt, vertreibt sie das Tier mit einem reizenden Niesen.

Als ich am Weihnachtsmorgen erwachte, stand das Frühstück bereits auf dem Tisch. Und im Garten waren frische Spuren zu sehen, der Hirschkot war noch nicht einmal angefroren. Entweder war das Tier am frühen Morgen vorbeigekommen, oder ich hatte, betört von Sissi, schlicht verpasst, wie es nachts in den Garten eingestiegen war.

Der Weihnachtstag ging dahin, und erst am späteren Nachmittag entschlossen wir uns, vor dem Eindunkeln noch an die frische Luft zu gehen. Wir nahmen einen der vielen Alleewege, die vor hundert Jahren für Touristen angelegt worden waren. Der Pfad führte am Friedhof und den terrassierten Feldern vorbei in den Wald hinein. Wir waren nicht die Einzigen, die unterwegs waren. Scheinbar aus dem Nichts trat ein Rudel Hirsche auf eine offene Fläche. Sie ästen, aber unruhig, immer wieder hob eines der Tiere den Kopf, hielt inne, dann stoben sie davon.

Als ich nach dem Abendessen die Verandatür öffnete, um frische Luft hereinzulassen, sah ich das helle Hinterteil eines Hirsches, der über den Zaun stieg, den Abhang hinunter.

Ich lauschte dem Tier hinterher, watete durch den hohen Schnee zum Zaun und schaute ins Gestrüpp. Mein Herz klopfte, ansonsten herrschte Stille.

Ich legte einen Apfelschnitz in den Schnee.

Am nächsten Morgen war der Apfelschnitz angefroren.

Am Abend aßen wir ein Käsefondue. Nach dem Essen stellte ich die Pfanne zum Abkühlen in den Schnee. Der Schnitz war zugeschneit.

Am nächsten Morgen war der Apfelschnitz weg. Im vereisten Schnee waren Gebissspuren zu sehen, sogar die Pfanne hatte der Hirsch ausgeleckt. Ich wusch sie mehrmals sehr heiß aus.

Am Abend legte ich einen ganzen Apfel und Orangenschalen hinaus.

Ich ging ins Bett, war zu müde zum Lesen, fand aber keinen Schlaf. Da hörte ich ein Blöken, wie von einem nicht mehr so kleinen Kalb oder einem ganz jungen Stier. Ich stellte mich ans Fenster. Der Hirsch stand eine Armlänge von mir entfernt, lärmte mit seinem Geweih im Rosengebüsch, das vor dem Fenster wucherte, und nagte an den Ästen.

Der Hirsch ist da, flüsterte ich, nahm die Kamera und machte ein paar Bilder. Wir bewegten uns leise durch die Wohnung, beobachteten den Hirsch, wie er die Hauswand entlang schritt. Dann zog er davon, trabte durch den Garten, zwängte sich am anderen Ende am Zaun vorbei und verschwand, ob über den schmalen Pfad mitten ins Dorf hinein oder hinab in den Hain, weiß ich nicht. Die Bilder waren verschwommen.

Am anderen Morgen waren der Apfel und die Orangenschale weg, aber wir wussten nicht, ob der Hirsch sie schon gefressen hatte, bevor er ans Fenster gekommen war, oder ob ein weiteres Tier den Garten besucht hatte.

Von nun an ließen wir das Fenster trotz Minustemperaturen nachts einen Spaltbreit offen.

Der Hirsch kam nicht jede Nacht, aber sehr regelmäßig. Einmal nahm er mit seinen weichen Nüstern Blätter vom Fenstersims und zerkaute sie langsam. Ich fror am offenen Fenster, atmete kaum, bewegte nur ein wenig das Bein. Mein Knie knackte, das Tier blickte mich an, auf dem Kopf sein Geweih. Dann fraß es weiter.

Hirsche können sehr gut riechen und hören, aber vermutlich war ich ihm egal.

Schließlich gelang es mir, richtig gute Bilder und sogar einen Film vom Hirsch zu machen, worauf klar und deutlich erkennbar ist, wie der Hirsch mit geradem, stolzem Rücken durch den Garten schreitet. Am anderen Morgen stellte ich die Bilder auf eine der vielen Fotoapps, neben Weihnachtsgebäck, Schneemassen, Festschmausreste.

Auf meinem kleinen Bildschirm sammelten sich die Likes im Minutentakt. Ich war noch immer ganz benommen davon, wie nah mir der Hirsch gekommen war, und öffnete immer wieder die App, um meine Fotos anzuschauen.

Den Rest der Altjahrwoche verbrachte ich mit Lesen, ich verschickte das Hirschvideo als verfrühten Neujahrsgruß und schaute den Film «Das Salz der Erde», ein Porträt über Sebastião Salgado. Bis dahin hatte ich nur seine beeindruckenden Naturbilder gekannt, wundersame Fotografien einer untergehenden Welt, deren Protagonistinnen stets auch auf ihr eigenes Verschwinden hinweisen.

Von Salgados Bildserien über die Hungersnot in Äthiopien oder über die Gewalttaten in Ruanda, Leichenhaufen, Arme und Beine, die von Baggerschaufeln hängen, hatte ich nichts gewusst.

Die letzte Nacht des Urlaubs verbrachte ich allein in der kleinen Kellerwohnung. Gegen Abend wurde ich unruhig, warum, war mir unerklärlich, aber als es dunkel geworden war, legte ich ein paar Apfelschnitze hinaus und ließ vorzeitig alle Jalousien runter.

Ein Rauschen lag in der Stille, ich hörte ein Knacken. Mehrmals zog ich die Jalousien wieder hoch und leuchtete mit dem Telefon in alle Ecken des Gartens. Mir war klar, dass niemand hierherkommen würde, es wusste keiner, dass ich hier war, allein. Wenige Minuten, nachdem ich mich ins Bett gelegt hatte, vernahm ich ein Klatschen, dreimal. Dann blieb es still.

Ich ging nochmals in den Garten, spähte in den Abhang. Nichts. Im Bett schreckte ich jedes Mal auf, wenn der Wind die ausgedörrten Blätter bewegte.

Immer wieder glaubte ich, den Hirsch zu hören, stand auf, schaute in die Nacht, ging mit eiskalten Füßen in der Wohnung umher. Irgendwann entschied ich mich, das Fenster zu schließen.

Ich erwachte vor dem Morgengrauen. Die Apfelschnitze lagen unberührt im Schnee.

(21/22)

Ein Jahr später lag um die gleiche Zeit kaum Schnee, im Garten waren nur noch abgeschmolzene Reste übrig. Aber schon am ersten Abend schob sich ein Schatten in unser Blickfeld. Es war Vollmond. Wir pausierten den Film und bewegten uns vorsichtig in Richtung Fensterscheibe. Der Hirsch bemerkte uns, wandte sich ab, blieb unter einem der Bäume nochmals stehen, dann war er weg.

Vor dem Schlafengehen legte ich Früchte in den Garten. Meistens waren sie am Morgen noch da. Tagsüber beobachteten wir Vögel – Elstern, Spatzen, Eichelhäher, Meisen und Gimpel und Zaunkönige –, die sich an den Früchten gütlich taten. Dohlen stritten so lange um einen Apfel, den ich nicht in Stücke geschnitten hatte, bis er über den verbliebenen Schnee davonrollte und im Hain vor dem Haus verschwand.

Oft lag ich nachts hellwach im Bett und hoffte, das Rupfen zu hören, wenn der Hirsch am Rosenbusch nagte, sein leises, sattes Muhen. Aber ich wartete vergeblich, lag beim leisesten Geräusch bockstill, um ihn ja nicht mit dem Rascheln der Decke zu vertreiben. Was ich hörte, war das Knistern der Blätter im Wind.

Nach ein paar Tagen traf ich Mazzina an, sie trug eine Schüssel mit Rüstabfällen zum Kompost, ein paar Karotten lagen halb verdeckt darin. Ich erzählte ihr, dass ich den Hirsch schon am ersten Abend gesehen hatte, aber nur kurz, und nur einmal. Sie nickte, es sei ein junges Tier, mit kleinen Hufen, das könne man an den Spuren im Garten erkennen.

 Der alte Hirsch kommt nicht mehr, erzählte Mazzina. Eine Viertelstunde, bevor die Sonderjagd zu Ende war, habe ich vom Balkon aus beobachtet, wie sich ein Jäger in den Obstgarten geschlichen hat. Vom Garten aus hat er gegen das Dorf gezielt, sie zeigte mit zwei Fingern die Richtung an, und hat den alten Hirsch geschossen. Am helllichten Mittag! Das hat geknallt. Der darf nie mehr jagen, ich habe ihn bei der Polizei verzeigt.

 Sie zupfte an einem Salatblatt, sodass es die Karotten besser verdeckte.

> Ich ging zurück in die Wohnung und schlug die Bücher auf, die ich angelesen hatte. Ich las unterstrichene Zeilen

bei Susan Sontag, öffnete auf dem Telefon eine App, sah ein paar neue Likes, likte, las, der Hirsch ist ein tagaktives Tier, lebt am liebsten in offenen Landschaften und hat sich in den Wald zurückgezogen, weil der Mensch ihn jagt. Las weiter, dass die Ausprägung des Hirschgeweihs von der Vielfalt des Nahrungsangebotes abhängig ist, und bei Sontag, «industrial societies turn their citizens into image-junkies; it is the most irresistible form of mental pollution». Ich schälte eine Orange, in der App stapelten sich neue Weihnachtsgeschenke und Kerzen, draußen Vögel, längst sind in den Nationalparks Gewehre gegen Kameras ausgetauscht worden. Sissi winkte. Die Natur muss vor dem Menschen geschützt werden, nicht umgekehrt, manche Jäger füttern das Rotwild zusätzlich, um an prestigeträchtigere Geweihe zu kommen. Die Nachbarn aus dem Zwischengeschoss hatten Mazzina vom Hirsch reden hören und blieben eine Nacht lang auf dem Balkon. Sie waren viel zu laut. «There is an aggression implicit in every use of the camera.» Jemand setzte ein Herz unter meinen Hirsch, obwohl er schon ein Jahr alt war. Bis heute messen sich Trophäenjäger mit den Geweihstärken der erlegten Tiere. Die Ehe von Franzl und Sissi wird als glücklich dargestellt, «viva la Mamma!» in Venezia. Das ruhige Familienleben von Hirsch, Hindin und Kalb, die einträchtig beisammenstehen, ist nichts anderes als künstlerische Fiktion, «images which idealize (like most fashion and animal photography) are no less aggressive». Fotografieren heißt, sich etwas aneignen, «it means putting oneself into a certain relation to the world that feels like knowledge – and, therefore, like power». Das Filmkind, das Sissi auf dem Markusplatz in Venedig in die Arme stürzt, muss Kronprinz Rudolf sein, ihr einziges Kind, ein druckempfindlicher

Apfel ist nach ihm benannt. «(It means) to democratize all experiences by translating them into images.» Einmal hatte der alte Hirsch so husten müssen, weil er eine Orange ganz verschlucken wollte, das habe ich nicht festgehalten. Es gibt Fotos von Kronprinz Rudolf. Als Kind wurde er in Regen und Kälte stehen gelassen, um abzuhärten, gelegentlich mit Pistolenschüssen geweckt. «When we are afraid, we shoot. But when we are nostalgic, we take pictures.» Sontag hat Salgado scharf kritisiert, las ich erst jetzt und unterstrich es. Ich fand Salgado auf Instagram, folgte ihm nicht, Bilder der Prinzessin von Wales mit ihren Kindern tauchten auf, «taking photographs has set up a chronic voyeuristic relation to the world which levels the meaning of all events». Salgado macht das Elend konsumierbar, in kunstvollem Schwarz-Weiß, Franzl aber war Sissis Schwester versprochen gewesen, «having an experience becomes identical with taking a photograph of it». Jemand wollte wissen, wo ich das Hirschbild aufgenommen habe, ich musste niesen, nahm ein zweites Buch von Susan Sontag zur Hand und das über den Hirsch. Das Geweih wird jedes Jahr nach der Paarungszeit abgestoßen. Nach einer unfruchtbaren Periode wächst dem Hirsch ein neues Geweih, und wenn es wieder ausgewachsen ist, ist der Hirsch in voller Brunst. «Cameras began duplicating the world at that moment when the human landscape started to undergo a vertiginous rate of change: while an untold number of forms of biological and social life are being destroyed.» Kronprinz Rudolf musste Prinzessin Stephanie heiraten, erschoss sich selbst und mutmaßlich auch seine mutmaßliche Geliebte Baroness Mary Vetsera, «and participating in a public event comes more and more to be equivalent to looking at it in photographed form». (Abgestoßene

Geweihe dienen den Waldmäusen als Salzquelle.) Ich war froh, dass Mazzina den Jäger verzeigt hatte, beantwortete die Frage zum Hirschbild, likte ein paar Bilder, hatte selbst leider keine neuen Fotos. «Taking photographs (…) levels the meaning of all events», die Urkunde, mit der das Kaiserhaus die Verwendung des Namens des Kronprinzen für eine neue Apfelsorte gestattet hatte, war in den Nachkriegswirren verloren gegangen.

Erschöpft schaltete ich das Telefon aus, schob die Bücher zur Seite, klappte den Rechner zu und beschloss, am nächsten Tag endlich an die frische Luft zu gehen.

Ich ärgerte mich, schon wieder zu viel Zeit mit diesen Apps verbracht zu haben. Ich hatte mir Wissen über den Hirsch aneignen wollen, aber stattdessen nur Bilder von fremden Familienfeiern, verzichtbaren Geschenken und förmlichen Prinzessinnen angeschaut. Und ich war wütend auf den Jäger, der den alten, zutraulichen Hirsch geschossen hatte, einzig und allein wegen der Trophäe, und gönnte es ihm, dass man ihm das Patent entzogen hatte. Aber der Hirsch gehörte auch nicht mir, niemandem gehört ein Hirsch, auch keiner Prinzessin, selbst wenn sie noch so tierliebend dargestellt wird in verkitschtem, geschichtsklitterndem Filmtheater.

Kein Hirsch nennt sich Xaver!

Schließlich klang mein Ärger ab. Ich versuchte, mir alles, was ich gelesen hatte, und all die Bilder, die ich gesehen hatte, nochmals durch den Kopf gehen zu lassen, aber das Einzige, was hängen geblieben war, war der Satz: «taking a photograph of something becomes identical with having an experience.»

Ich schaltete das Telefon für die verbleibenden Urlaubstage aus.

Den jungen Hirsch sahen wir nicht mehr. Aber als doch noch Schnee fiel, entdeckten wir im Obstgarten neue Spuren. Diesmal waren es große Tatzen. Wir riefen den Wildhüter. Es waren Luchsspuren.

Bar 63

Wo sich im Zürcher Ausgehviertel die Rolandstraße und die Zinistraße kreuzen, findet man die Bar 63. Alle Welt lebt hier, und jede der vier Ecken beherbergt eine Bar; zur Rechten das Biondi, zur Linken die Midway Bar Gastronomiedienstleistungen und geradeaus Kaiser Franz.

Ein großflächiger Spiegel hängt über dem Tresen der Bar, leicht angewinkelt, man kann das Geschehen von oben beobachten, eine fortwährende Rezitation des Augenblicks.

Am Fuß des Spiegels sind die Flaschen in Reihen angeordnet, ein Regal voller Gin, und gleich darunter, aus aller Herren Länder, der Rum.

Mir ist es im Winter nach Rum, im Sommer nach Gin, noch fällt kühler Regen, aber an den Abenden bleibt es schon wieder lange hell. Mich lockt die Tropenhitze, abgespeichert in der Süße des Zuckerrohrs. Zum Rum erhalte ich ein Stück kakaobittere Schokolade.

Ich schwenke diesen flüssigen Zucker, stelle das Glas ab. Meine Hände spiegeln sich mehrfach in der Krümmung des Glases, sie legen sich über all die Hände, die dieses Glas schon gehalten haben, gestern und am Tag zuvor und wieder am Tag zuvor; man ist, sagt man, mit allen anderen Menschen über sieben Schnittpunkte bekannt.

Der Rum ist herb, aber süß, und schimmert golden im gedimmten Licht. Wie viele Menschen für dieses kleine Maß gearbeitet haben müssen, Zuckerrohr geschnitten, gepresst, verkocht, destilliert, gelagert, abgefüllt und verschifft und schließlich hierhergebracht und in ein bauchiges, kurzstieliges Glas gegossen.

Die Musik wird lauter, «live from the garden», Grown Men Rap at its best, «Kumbaya bitch».

Der Großvater einer Bekannten hat als einer der Ersten Zuckerrohr importiert und später, zusammen mit einem Zahnarzt, dem Gesundheitsamt Briefe geschrieben, im Kampf gegen die Einführung von kristallisiertem, mehrfach raffiniertem Zucker.

Betrachtet man den Globus, wächst Zuckerrohr auf einem breiten Band, über das sich ein schmalerer Streifen schmiegt, wo Wacholder gedeiht, und der sich von Nordamerika über Südgrönland bis nach Ostasien erstreckt. Ein Affe ziert das Etikett der Gin-Flasche aus dem Schwarzwald, er hockt unter einer Krone. Um Malaria vorzubeugen, hat man Soldaten der British East India Company Tonic Water, ein chininhaltiges Getränk, verabreicht und gegen die Bitterkeit Gin dazugegeben.

Ich stütze meinen Kopf auf die Hand, den Ellbogen auf den Bartresen, massives, einheimisches Holz. Der Tresen nimmt beinah die Hälfte des Raumes ein.

Im Spiegel sehe ich die Menschen kommen und gehen, draußen rauchen oder zu Kaiser Franz wechseln; im Biondi kehrt nur ein, wer auch in die Midway Bar zum Spaghettiplausch geht, Kubanerinnen führen das Geschäft, mit Angestellten aus Barbados und Antigua, das ist eine andere Welt, gleich nebenan.

Ich schäle das Stück Schokolade aus dem Stanniol, breche eine Ecke ab, als sich etwas Weiches an mein Bein schmiegt. Es ist eine Katze, ihr Fell ist feucht, und jetzt steigt auch ihr Geruch zu mir auf.

Der Barkeeper handelt rasch, kriegt das Tier zu fassen. Es entwischt, es hat kein Halsband, huscht geschmeidig durch die feuchte Musik hinaus in die Nacht. Der Barmann wäscht sich die Hände.

Später, nach einem oder zwei weiteren Gläsern trete ich hinaus, in den dichter gewordenen Regen. Passanten gehen rasch an der Midway Bar vorbei, geschützt von Regenschirmen. In der Mitte der Kreuzung, von kaum jemandem bemerkt, zögert die Katze, dreht sich langsam ab, hält inne und schüttelt sich mit Schwung das Wasser aus dem Fell.

Nachdenken über Bäume

Ich saß im Wohnzimmer am Schreibtisch und arbeitete, als ich ein Rauschen hörte und ein Schatten über mich hinwegschlug. Ich schaute auf.

Der Baum, der vor unserem Haus gestanden hatte, war umgefallen. Ich schlüpfte in die Jacke und rannte in Hausschuhen nach draußen, wo es angefangen hatte, sachte zu schneien. Ein Mann hastete mir entgegen, ist jemand darunter, rief er und hackte mit seinen Fingern auf den viel zu kleinen Bildschirm seines Telefons, und noch während er wartete, dass sein Anruf entgegengenommen wurde, fuhr er mich erneut an, ist jemand unter dem Baum?!

Ich hörte nichts, sah niemanden außer den Kindern, die ihre Nasen an den Fensterscheiben des gegenüberliegenden Kindergartens platt drückten.

Die ganze Wurzel dieses großen, alten Baumes steckte noch im Boden. Der Stamm war einfach abgeknickt, durch und durch morsch. Die abgebrochenen Äste lagen auf der Straße, und auch das große, zerzauste Nest der Amsel, die auf unserem Balkon manchmal an lauen Abenden gesungen und einmal einen Wurm gefressen hatte. An der Fassade gab es Kratzspuren, ein parkiertes Auto lag zerdrückt unter dem Stamm.

Meine Füße wurden kalt, nass war es auch, der Schnee fiel dichter. Der Mann telefonierte hin und her, bis der erste Grünstadtwagen angefahren kam. Mich brauchte es nicht.

Zurück in der Wohnung, informierte ich die Nachbarn und öffnete den Baumkataster der Stadt. Es war eine rotblühende Rosskastanie, die jetzt vor unserem Haus lag, die zweitletzte im Quartier. Ein ganzes Jahr lang hatte ich fast jeden Tag an diesem Tisch gearbeitet, in diesen Baum hineingeschaut, beobachtet, wie seine Blätter im Frühjahr wuchsen, grünten und schließlich die Sicht in den Park versperrten, hatte festgestellt, dass die Blüten zuerst bräunlich und beinahe krank erschienen, bevor sie rosarot aufblühten, in üppigen, aufrechten Krönchen, sogenannten Kätzchen. Ich hatte zugeschaut, wie die Blätter und Blüten den Vogelnestern nach und nach mehr Schutz boten. Aber ich hatte nicht bemerkt, wie krank der Baum gewesen sein muss.

Mit dem Scheppern der Pausenglocke rannten die Kindergartenkinder aus dem Haus, aber die Forstarbeiter hielten sie zurück, stellten sich ans kleine Gartentor. Bevor die Kinder den Park betreten durften, mussten alle Bäume überprüft, die Gefahrenzone mit einem rotweißen Band abgesperrt werden.

Einer der Nachbarn antwortete, das war dann wohl mein Auto.

Gegen Mittag hatte es noch immer nicht aufgehört zu schneien, die Flocken waren größer geworden, und ich war mit einer Freundin zu einem Waldspaziergang verabredet. Wir trafen uns an der gewohnten Ecke und zogen los, in den Wald hinauf, wo schon deutlich mehr Schnee angesetzt hatte. Die wenigen Höhenmeter machten doch einen Unterschied.

Ich berichtete vom umgestürzten Baum, und sie erzählte mir von einer Motte, die die Kastanienbäume befällt und schwächt, weshalb schädliche Pilze leichtes Spiel haben. Meine Freundin verstand auch etwas davon, dass Bäume Licht, Geräusche und Gerüche wahrnehmen können, sich miteinander austauschen können wie wir, und dass sie gemeinsam mit Pilzgeflechten in den Wäldern ein weitverzweigtes Kommunikationsnetz bilden.

Und wie wir auf den Schnee zu reden kamen, blieb ich stehen, ich wollte ein paar Zeilen von Erika Burkart aufsagen, ich musste mich konzentrieren, «Reden vom Schnee schließt Schweigen mit ein, Stille, in der wir die Flocken fallen hören, die fernläutenden des Erinnerns und die größeren, langsamen des Vergessens. Vieles würde für immer zugeschneit, erinnerte sich nicht das schriftliche Wort.»

Der Wald verschluckte die Verse, dieses Echo auf die Zeilen eines anderen. «Was sind das für Zeiten, wo / Ein Gespräch über Bäume fast ein Verbrechen ist / Weil es ein Schweigen über so viele Untaten einschließt!» Und wir rätselten, ob Erika Burkart Bertolt Brechts Gespräch über Bäume hatte fortsetzen wollen, sie, die die Bäume kannte, aber auch den Krieg und seine Versehrten. Und wir dachten, beide für uns, über die Zeiten nach, die sich verändert hatten, und dass auch das Schweigen über Bäume fast ein Verbrechen geworden war.

Wir gingen weiter und kamen zum Waldweiher, der so dunkel und still dalag, dass sich die fallenden Flocken darin spiegelten.

Eine Weile standen wir in der Winterruhe, wir kannten diesen Wald, wussten, wo die Dachse lebten, wo die Rehe, die Igel, in welchen Lichtungen die Glühwürmchen an einigen wenigen Sommernächten ausschweiften. Und wir wussten, dass es in diesem Wald Wildschweine und Füchse gab und seit Kurzem einen scheuen Goldschakal.

Ein dumpfes Rauschen ließ uns aufhorchen. Aber da war nichts, nur die riesigen Bäume standen um uns herum, wirkten noch mächtiger gegen den düsteren Himmel hin. Der Schnee hob ihre Äste mit einer feinen weißen Linie zart, aber präzise vor dem dunklen Hintergrund ab.

Wir ließen den Waldweiher hinter uns, machten uns auf zur nächsten Lichtung, wo meine Freundin mir einen Baum zeigte, an dessen Stamm sie sich oft lehnte, geschützt vor Blicken, mit Aussicht in die Waldsenke hinunter. Hier, sagte sie, möchte ich im Sommer einmal übernachten.

Wir standen eine Weile unter diesem Baum, schauten zu, wie sich ein erster Flaum Schnee an seine Rinde heftete, dann gingen wir weiter. Ein erneutes Knacken, diesmal lauter, erschreckte uns. Gerade noch sahen wir, wie ein riesiger Ast zu Boden ging, eine Wolke aus Schnee stob hinter ihm her.

Der Schnee fiel weiter auf die Bäume herab, bis ihnen alles zu viel wurde, zu schwer, und sie ihre Äste fallen ließen aus großer Höhe.

Uns wurde unheimlich.

Ich geriet, für einen kurzen Moment, in eine Fuge, zwischen die Jahre, in Ann Carsons Weihnachtslektüre – Hegels Spekulationen über das Bestreben, die Realität in ihrer wechselwirkenden Gesamtheit zu verstehen. «You will forgive me if you are someone who knows a lot of Hegel or understands it, I do not and will paraphrase badly.»

Ann Carson unterbrach ihre Lektüre, um sich zwischen die hohen, verschneiten Bäume zu stellen. Sie schildert, wie still es war in den Bäumen, innere Geräusche hörbar wurden, Risse, Seufzer, Liebkosungen, der Atem eines Vogels, das Kratzen von Eichhörnchenkrallen.

Und dann fanden wir uns inmitten des Sturms. Es knallte und krachte, von allen Seiten kamen Schneelawinen aus dem Himmel gefallen, stürzten den zu Boden donnernden Baumkronen hinterher. Wir bekamen es, jetzt erst, mit der Angst zu tun.

Als wir den Wald hinter uns ließen, trafen wir eine andere Welt an. Alles war weiß, auch außerhalb des Waldes hatte es geschneit, was uns wunderte, als hätten wir damit gerechnet, dass es nur auf unserer kleinen abenteuerlichen Waldinsel schneite, dass draußen die Sonne schiene. Ein Polizeiauto parkte am Waldrand.

Auch der Baum lag noch immer quer über der Straße auf dem zerquetschten Auto. Er war eingeschneit, und im Park standen frische Schneemänner. Wenige Fahrzeuge schlichen noch über die Straße, sie kamen trotz Winterketten kaum voran, schoben Schneewülste vor sich her. Was für ein Wetter, hörte ich jemanden rufen.

Es schneite den ganzen Tag, die ganze Nacht, drei Tage lang. Als Erstes wurde der Wald abgesperrt, später auch der Pfad unten am Fluss, wo die Pappeln vom schweren Schnee schief standen wie Schilf. Der Verkehr brach zusammen, und wer seinen Beruf nicht von zu Hause aus ausüben konnte, ging zu Fuß zur Arbeit.

In der Stadt setzte ein einmaliges Treiben ein. Skifahrer sausten die kleinen Hänge hinab, andere gingen mit Langlaufski zur Arbeit, zogen ihre Kinder auf dem Schlitten hinter sich her, Snowboarderinnen schlitterten über jede vereiste Kante.

Hast du gewusst, schrieb mir meine Freundin, dass Ödön von Horváth 1939 im Pariser Exil von einem umstürzenden Baum erschlagen wurde, und dass sein Roman «Jugend ohne Gott» nur ein Jahr zuvor auf die Liste des schädlichen und unerwünschten Schrifttums gesetzt worden war? Das hatte ich gewusst, aber nicht, dass der anonyme Soldat aus Horváths Roman «Ein Kind unserer Zeit» in einem Schneesturm erfriert.

Es begann erst nach Tagen zu tauen. Ein Lastwagen fuhr vor, mit Baggerkran und riesigem Container, und ich staunte, wie präzise die Männer arbeiteten, wie zielgerichtet sie den Stamm mit der Motorsäge zuschnitten. Auch der Kranarm arbeitete ruhig, zerbrach ganze Baumteile wie in einer Faust, ließ sie in den Container fallen. Ich trat auf den Balkon und schaute zu, wie gearbeitet wurde.

Ob es bei mir oben noch Äste gebe, rief mir einer der Männer zu, und ich warf Armvoll um Armvoll auf die Straße hinab. Dann waren sie fertig, und nur noch der kleine Hund im Park war zu sehen, der von seinem Meisterchen dazu dressiert wurde, um eine eingesunkene Schneekugel herumzutollen.

Schließlich schmolz der letzte Schnee des niederschlagsreichsten Januars seit sechzig Jahren. Grauer, brauner Matsch lag auf den Straßen, die Autos fuhren wieder schneller, Fußgängerinnen mussten wieder ausweichen. Das ist ja kein Wetter, hörte ich jemanden gnatzen.

Der Schaden im Wald war groß, und der Sturm, der nur wenige Wochen später wütete, trug das Seine dazu bei. Die Räumungsarbeiten dauerten monatelang, und der Wald ist ein anderer geworden, vielleicht ein wenig müde, aber auch jünger. An einer Stelle, wo ein richtig großer Baum dem Sturm zum Opfer gefallen war, wurde ein neuer Weiher angelegt. Der Strunk steht in der Mitte des Weihers, als Insel, als Festung, auf der oft eine Ente sitzt, wenn ich am Abend daran vorbeikomme.

An einem Tag im Frühsommer spaziere ich wieder mit meiner Freundin durch den zerzausten, veränderten Wald, an den wir uns langsam doch gewöhnen, an die lichteren Haine, den weiteren Blick. Wir beschließen, zur Lichtung zu gehen, wo ihr Lieblingsbaum steht, um abzuschätzen, ob sein Fuß ein guter Schlafplatz wäre. Der Baum ist weg.

Im Winter konnte ich schon immer in den Park hineinsehen, nun ist der Blick auch im Sommer frei.

Eine der Hauptursachen für das Kastaniensterben ist ein Bakterium, das Baumbluten und Verfärbungen der Rinde verursacht, wodurch sich Pilze vereinfacht Zutritt verschaffen und den Baum zerfressen können. Das Bakterium kann bekämpft werden, indem der Baum über mehrere Tage mit einer Temperatur von 39 Grad behandelt wird. Für den wärmeliebenden Kastanienbaum selbst sind das keine kritischen Temperaturen.

Den Stumpf der kranken Kastanie hat man stehen gelassen, ab und an setzt sich ein müder Mensch darauf. Und im Kindergarten nebenan gehen längst neue Kinder ein und aus, auch wenn sie die gleichen Leuchtwesten tragen wie jene, die den umgestürzten Baum gesehen haben und jetzt lernen, selbst zu rechnen.

Unten auf dem Parkplatz steht ein neues Auto und erinnert mich daran, dass Ödön von Horváth eines Abends, aus lauter Angst, nicht in das Auto jenes Mannes, der sein Buch verfilmen wollte, eingestiegen ist. Lieber ist er zu Fuß gegangen. Auf diesem Nachhauseweg ist er zu Tode gekommen.

An die Stelle der gefallenen Kastanie sind, etwas versetzt, zwei neue Bäumchen gepflanzt worden. Das eine blüht, eines dieser rosaroten, jungen Kätzchen sitzt ganz obenauf, das andere treibt zarte hellgrüne Blätter. Ich schaue nach, ob die Bäumchen schon registriert worden sind, und tatsächlich haben beide einen Eintrag im Baumkataster. Das eine ist erneut eine rotblühende Rosskastanie, und das andere ist eine indische Rosskastanie.

Abspann

Zimmli
geil

An seinem ersten Schultag im Sommer 2016 trug Fritz eine Krawatte.

Für neue Geräte, Phänomene und Systeme müssen neue sprachliche Begriffe gefunden werden, die möglichst alle verstehen.

Die Schlange hieß einst «Lindwurm».

Ein Kassiber ist eine schriftliche Mitteilung, die im Geheimen von einer Gefangenen an andere Gefangene übermittelt oder an Personen außerhalb des Gefängnisses geschmuggelt wird. Zuweilen werden Kassiber auch in Zeichensprache verfasst.

«Ziemlich» heißt das Gleiche wie «sehr» oder «in großem Maße». Früher bedeutete es, dass man anständig war und den sozialen Maßstäben und Normen entsprach.

Der Männerrock ist ein sehr altes, traditionelles Kleidungsstück, das in weiten Teilen der Welt nach wie vor zur Alltags- und Festtagsbekleidung gehört.

Adam hat allen Tieren einen Namen gegeben und diese Eva, nachdem auch sie erschaffen worden war, mitgeteilt. Damit war die erste sprachliche Übereinkunft getroffen.

«Engel» sollen in der DDR «Jahresendflügelfigur» genannt worden sein.

Als Kind hatte ich eine Freundin, deren Mutter zuweilen gnadenlos sein konnte. Einmal musste meine Freundin Brot schneiden, aber ihre Mutter hat die krummen Scheiben angeschaut, sie in den Händen gedreht und gefragt: Was ist das? Meine Freundin hat gesagt: Brot.

Das Privatsprachenargument von Wittgenstein besagt, dass Begriffe, die innere oder psychische Dinge bezeichnen, an äußeren Dingen festgemacht werden müssen. Nur so können die Begriffe auch von anderen verstanden werden.

Greta und Theo sind Namen, die wieder aufkommen. Konrad muss sich noch gedulden.

Dass Blau lange Zeit eine typisch weibliche Farbe war, kann man beispielsweise daran erkennen, dass Maria auf Gemälden fast immer blau gewandet ist. Hellblau war die Farbe für Mädchen und damit das kleine Blau.

Meine Kindergartenlehrerin hieß Fräulein Brütsch.

Jene gestrenge Mutter hatte meiner Freundin und mir verboten, in ihrem Haus das Wort «lässig» zu benutzen, weil es faul, träge und gleichgültig bedeutet.

Ein gemeinhin gefürchtetes Zeichen ist der sogenannte Gaunerzinken, der, so der Mythos, an Haustüren, Fassaden oder Briefkästen angebracht wird. Einbrecherbanden sollen Häuser ausspionieren und ihren Komplizinnen auf diesem Weg Hinweise über die Beschaffenheit und das geschätzte Beutepotenzial hinterlassen. Solche Symbole wurden ab dem Mittelalter von bestimmten Bevölkerungsgruppen, die aufgrund ihrer sozialen Bedingungen mit gesellschaftlichen Repressionen rechnen mussten, genutzt.

Mein Bruder trug als Kind mit Vorliebe Röcke, was auch deswegen außerordentlich war, weil es in der Welt, in der ich aufgewachsen bin, für Mädchen verboten war, Hosen zu tragen.

Das Wort «geil» stammt ursprünglich aus der Landwirtschaft und bedeutete, dass ein Boden zu stark gedüngt ist und die Wiese deswegen nicht kräftig genug wachsen kann. Heute wird dieses Wort genutzt, um zu sagen, dass man etwas besonders toll findet. In manchen Zusammenhängen gilt es als unangebracht, weil es auch eine erotische Komponente hat.

Die Haut ist das größte Sinnesorgan des menschlichen Körpers.

Bis ins zwanzigste Jahrhundert hinein war Rosarot eine Knabenfarbe. Rot stand für Blut und Kampf und war damit eine typische Farbe für Männer.

Das Argument, dass man etwas deswegen bezeichnet, wie man es bezeichnet, weil man es immer schon so bezeichnet habe, zeugt nicht direkt von Fortschrittsdenken.

Im Wort Pferdehändlerin steckt der Pferdehändler, in der Informatikerin der Informatiker und in der Autorin der Autor.

Es gibt linguistische Untersuchungen dazu, dass Jugendliche dialektal gefärbte Begriffe bewusst nutzen, weil diese Art zu sprechen ein identitätsstiftendes Moment ist.

In die Diskussion, wie man Menschen unterschiedlicher Hautfarben bezeichnen soll, wirft jemand Weißes ein, dass Schwarz eigentlich keine Farbe sei.

Brot ist Brot und bleibt Brot, wird aber irgendwann hart, und eine Rose ist auch dann noch eine Rose, wenn sie verwelkt ist.

Heutzutage rufen sich manche Kinder aus gutem Haus «Du Penis!» hinterher.

Die Freimaurerinnen entwickelten in den Frauenlogen, in denen im Verborgenen agiert und kommuniziert wurde, ihr eigenes Alphabet.

Als ich knapp volljährig war, kam die Rechtschreibreform.

Die Frau des Pfarrers war die Pfarrersfrau, die Frau des Lehrers die Lehrersfrau und die Frau des Doktors die Frau Doktor.

Das Wort Baum ist zum einen ein Lautbild oder ein sprachliches Zeichen, zum andern hat das Wort Baum eine Bedeutung, wobei sich jede Nutzerin des Wortes einen eigenen Baum denkt.

Von Heinrich Böll stammt der Satz, dass die Gewalt von Worten manchmal schlimmer sein kann als jene von Pistolen oder Ohrfeigen.

Die Frage, ob eine gemalte Pfeife eine Pfeife ist oder nicht, ist noch nicht geklärt.

Literatur

Der Himmel über Zürich

Baker, J. A.: Der Wanderfalke. Matthes & Seitz, Berlin 2014.
Franzen, Jonathan: The end of the end of the earth. Farrar, Straus and Giroux, New York 2018.
Macdonald, Helen: Falke. Biografie eines Räubers. C. H. Beck Verlag, München 2017.

•

Heidi kann brauchen, was es gelernt hat

Die Bibel. Nach der Übersetzung Martin Luthers. Deutsche Bibelgesellschaft, Stuttgart 1999.
Spyri, Johanna: Heidi. Zwei Bände, Silva-Verlag, Zürich 1944/1946.

•

Friendly Alien

Berg, Sibylle: Nerds retten die Welt. Gespräche mit denen, die es wissen. Kiepenheuer & Witsch, Köln 2020.
Bialy, Shmuel und Loeb, Abraham: Could Solar Radiation Pressure Explain «Oumuamua's» Peculiar Acceleration? The Astrophysical Journal Letters, 2018.
Gepp, Johannes (Hrsg.): Die Mur in Graz. Das grüne Band unserer Stadt. Freya Verlag, Engerwitzdorf/Mittertreffling 2016.

Loeb, Abraham und Zaldarriaga, Matias: Eavesdropping on Radio Broadcasts from Galactic Civilizations with Upcoming Observatories for Redshifted 21 cm Radiation. Cornell University, New York 2006, https://arxiv.org/abs/astro-ph/0610377. Zuletzt abgerufen: 21. Mai 2024.

Seibt, Constantin: Nicht von dieser Welt. Republik, 5.5.2021, https://www.republik.ch/2021/05/15/nicht-von-dieser-Welt. Zuletzt abgerufen: 21. Mai 2024.

Wright, Jason T.: Searches for Technosignatures: The State of the Profession. Cornell University, New York 2019, https://arxiv.org/abs/1907.07832. Zuletzt abgerufen: 21. Mai 2024.

Es gibt sie doch, die UFOs! SRF, Echo der Zeit, 22.6.2021.

•

Social Freezing

Sontag, Susan: Krankheit als Metapher. Fischer Verlag, Frankfurt am Main 2003.

•

Sienna Street 55

Lanzmann, Claude: Shoah. absolut MEDIEN, Berlin 2010.
Sakanyan, Dora: Man treibt sie in die Wüste. Limmat Verlag, Zürich 2016.
Vosganian, Varujan: Buch des Flüsterns. btb Verlag, München 2018.

•

Lichtbilder

Benjamin, Walter: Kleine Geschichte der Photographie.
 Alexander Verlag, Berlin 2023.

•

Was fehlt

Bonhoeffer, Dietrich: Widerstand und Ergebung. Briefe und
 Aufzeichnungen aus der Haft. Gütersloher Verlags-Haus,
 Gütersloh 2002.
Heti, Sheila: Motherhood. Harvill Secker, London 2018.
Pine, Emilie: Notes to Self. Penguin Books, London 2018.
Preiwuß, Kerstin: Heute ist mitten in der Nacht. Berlin Verlag,
 Berlin 2023.
Stallmach, Lena: Fremdes Erbgut im weiblichen Gehirn. NZZ,
 31.10.2012.
Weil, Simone: Schwerkraft und Gnade. Matthes & Seitz,
 Berlin 2021.

•

Außer Reichweite

Baker, J. A.: Der Wanderfalke. Matthes & Seitz, Berlin 2014.
Benjamin, Walter: Das Kunstwerk im Zeitalter seiner technischen
 Reproduzierbarkeit. Suhrkamp, Frankfurt 1963.
Didi-Hubermann, Georges: Ninfa moderna. Über den Fall des
 Faltenwurfs. Diaphanes, Zürich 2006.
Kiyak, Mely: Sie sind wieder da. Republik, 26.5.2020,
 https://www.republik.ch/2020/05/26/sie-sind-wieder-da.
 Zuletzt abgerufen: 21. Mai 2024.

Schmit, Elise: Schreiben als Machen, und wie. Centre national de Littérature, Mersch 2020.
Tokarczuk, Olga: Der liebevolle Erzähler. Vorlesung zur Verleihung des Nobelpreises für Literatur. Kampa, Zürich 2020.
Wenzel, Olivia: 1000 Serpentinen Angst. Fischer Verlag, Frankfurt am Main 2020.
Westermann, Levin: Ovibos Moschatus. Matthes & Seitz, Berlin 2020.
Diers, Martin und Flor, Herta: Phantomschmerz. In: Schmerz 27, 205–213. Springer, Heidelberg 2013.

•

Schnelle Autos

Chapman, Tracy: Tracy Chapman. Elektra, Hollywood 1988.

•

Von Hirschen

Bode, Wilhelm: Hirsche. Ein Portrait. Matthes & Seitz, Berlin 2018.
Salgado, Juliano Ribieiro und Wenders, Wim: Das Salz der Erde. Decia Films, Paris 2014.
Sontag, Susan: On Photography. Penguin Books, London 1979.
Sontag, Susan: Regarding the Pain of Others. Penguin Books, London 2003.
Sissi. Spielfilm. Erma-Filmproduktionsgesellschaft Ernst Marischka & Co., Wien 1955.

•

Burkart, Erika: Grundwasserstrom. Aufzeichnungen. Ammann Verlag, Zürich 2000.

Brecht, Bertold: An die Nachgeborenen. In: Erste Gesamtausgabe in 40 Bänden von 1953 ff. Gedichte 1–10. Band IV (1934–1941): Svenborger Gedichte – Studien – Chinesische Gedichte – Steffinische Sammlung. Suhrkamp Verlag, Frankfurt 1989.

Carson, Anne: Thirteen Ways of Looking at a Short Talk. Wallstein, Göttingen 2020.

Zitatnachweise

S. 19 f.: Helen Macdonald: Falke. Biografie eines Räubers, S. 212–214.

S. 36: Die Bibel. Nach der Übersetzung Martin Luthers. NT, S. 92–93.

S. 82: Preiwuß, Kerstin: Heute ist mitten in der Nacht. S. 16, S. 24.

S. 83: Heti, Sheila: Motherhood, S. 84–85.

S. 85: Preiwuß, Kerstin, a.a.O., S. 88.

S. 88: Didi-Hubermann, Georges: Ninfa moderna. Über den Fall des Faltenwurfs, S. 126–127.

S. 89: Tokarczuk, Olga: Der liebevolle Erzähler. Vorlesung zur Verleihung des Nobelpreises für Literatur, S. 16.

S. 89: Ebd., S. 57.

S. 91: Ebd., S. 13.

S. 92: Baker, J. A.: Der Wanderfalke, S. 54.

S. 92: Tokarczuk, Olga, a.a.O.: S. 55.

S. 110: Sontag, Susan: On Photography, S. 24.

S. 110: Ebd., S. 7.

S. 110: Ebd., S. 7.

S. 110: Ebd., S. 4.

S. 111: Ebd., S. 7.

S. 111: Ebd., S. 15.

S. 111: Ebd., S. 11.

S. 111: Ebd., S. 24.

S. 111: Ebd., S. 15 f.

S. 111: Ebd., S. 24.

S. 112: Ebd., S. 11.

S. 121: Burkart, Erika: Grundwasserstrom. Aufzeichnungen, S. 38.

S. 122: Brecht, Bertold: An die Nachgeborenen, S. 74.

S. 123: Carson, Anne: Thirteen Ways of Looking at a Short Talk, S. 44.

Nachweise Erstveröffentlichung
Bereits anderweitig publizierte Essays wurden
für diesen Band überarbeitet.

Was ich wusste, erstveröffentlicht in: Frauen erfahren Frauen. Verlag 26, Zürich 2021.
Der Himmel über Zürich, erstveröffentlicht in: Stoff für den Shutdown. Olten 2020.
Streuobst, erstveröffentlicht in: Thurgauer Lesebuch. Saatgut Verlag, Frauenfeld 2021.
Heidi kann brauchen, was es gelernt hat, erstveröffentlicht in: Viceversa Literatur 10. Rotpunktverlag, Zürich 2017.
Nach drei Seiten hin Fenster, erstveröffentlicht in: V # 33, Haben und Sein. Literatur Vorarlberg, Feldkirch 2017.
Friendly Alien, erstveröffentlicht in: Manuskripte. Graz 2022.
Social Freezing, erstveröffentlicht in: Stoff für den Shutdown. Olten 2020.
Sienna Street 55, erstveröffentlicht in: Plattform Gegenzauber. Amriswil 2019.
Lichtbilder, erstveröffentlicht in: miromente. Dornbirn 2019.
Was fehlt, erstveröffentlicht in: Unter Umständen. Verlag 26, Zürich 2024.
Außer Reichweite, erstveröffentlicht in: Die Zäsur. Beobachtungen und Bedenken in Zeiten der Pandemie. essais agités, Zürich 2020.
Von Hirschen, erstveröffentlicht in: die horen. Göttingen 2022.
Bar 63, erstveröffentlicht in: Die Bar. Literatur im Schwärzler. Bregenz 2018.
Nachdenken über Bäume, erstveröffentlicht in: Onepage Magazin. Lichtenstein 2023.
Zimmli geil, erstveröffentlicht in: Kulturzeiger der Stadt Thun. Thun 2018.

Impressum

Autorin und Verlag danken für die Unterstützung

**Kanton Zürich
Fachstelle Kultur**

Stadt Zürich
Kultur

SWISSLOS
Kultur Kanton Bern

STADT THUN

Thurgau
Lotteriefonds

Der Verlag edition bücherlese wird vom Bundesamt für Kultur mit einem Strukturbeitrag für die Jahre 2021–2024 unterstützt.

eb̈

© 2024 edition bücherlese, Luzern
www.buecherlese.ch

Lektorat: Liliane Studer
Korrektorat: Thomas Hack
Autorinnenfoto: Ayṣe Yavaṣ
Umschlagfoto: Ein 28 Meter langes Blauwal-Modell wird am 28. März 1994 über den Zürichsee transportiert, um für die Ausstellung «Welt der Wale» im Zoo Zürich zu werben. © ETH-Bibliothek Zürich, Bildarchiv / Fotograf: Ralph Bensberg
Gestaltung Umschlag, Typografie: Claudio Barandun
Druck und Bindung: Beltz Grafische Betriebe GmbH, Bad Langensalza

ISBN 978-3-906907-97-0
1. Auflage 2024